引流密码

新零售时代电商创业宝典

推手先生 ◎ 著

机械工业出版社
CHINA MACHINE PRESS

一切生意的本质都是流量，没有流量，就失去了转化成交的基础。

本书基于作者多年的实践操盘经验，从如何定位、如何推广引流、如何选品、如何转化变现、如何裂变、如何打造个人品牌等方面入手，向读者阐述如何一步步打造持续裂变、引流、成交的生态循环系统。

本书适合所有需要打造个人品牌、需要引流变现的商业从业者，包括传统零售业从业者、新零售从业者、电商创业者、社群运营者等阅读，也适合相关研究者与爱好者阅读。

图书在版编目（CIP）数据

引流密码：新零售时代电商创业宝典 / 推手先生著. — 北京：机械工业出版社，2020.4
ISBN 978-7-111-65266-3

Ⅰ.①引… Ⅱ.①推… Ⅲ.①零售业—电子商务 Ⅳ.①F713.36

中国版本图书馆CIP数据核字(2020)第057031号

机械工业出版社（北京市百万庄大街22号　邮政编码100037）
策划编辑：解文涛　　责任编辑：解文涛　蔡欣欣
责任校对：李　伟　　责任印制：孙　炜
中教科（保定）印刷股份有限公司印刷

2020年5月第1版第1次印刷
170mm×230mm・18.25印张・1插页・288千字
标准书号：ISBN 978-7-111-65266-3
定价：69.80元

电话服务　　　　　　　　　网络服务
客服电话：010-88361066　　机　工　官　网：www.cmpbook.com
　　　　　010-88379833　　机　工　官　博：weibo.com/cmp1952
　　　　　010-68326294　　金　书　网：www.golden-book.com
封底无防伪标均为盗版　机工教育服务网：www.cmpedu.com

自序

一个人的心智决定了他是怎样的人。同样，团队的思维决定其价值，企业的理念决定其寿命。

这是我从事电商领域事业多年以来，领悟到的最浅显也最深刻的道理。

许多人终其一生，都没有走出固有的心智、思维和理念模式，因此注定要面对种种遗憾。反之，当他们敢于改变脑海中的操作系统，让心智、思维和理念模式升级，也就破译了成功的密码。

电商创业道路同样如此。

很多中小电商创业者经常抱怨赚钱越来越难。利润没有多少，平台费用却水涨船高。产品更新迭代慢，消费者的口味却越来越刁钻。

实际上，这些从来都不是新问题，而是人类历史上诞生商业模式以来的老问题。千百年来，立志投身于商业的人们都在面对类似的问题，并给出了终极解决之道：流量。

流量问题怎么重视都不过分。只有当创业者和产品被客户注意到，企业才有机会畅想未来的一切。

流量是滚滚而来的人流，更是涌动着的现金流。当流量转化率越来越高，成交越来越多时，创业的路才能走得越来越顺。

流量是品牌的奠基石。品牌不是天赐之福，而是一个个普通人用肩膀扛起的大厦。失去流量，品牌将会凌空摔落、粉身碎骨。

流量是营销工程取之不尽用之不竭的资源。世界上最好的营销，是将客户变成粉丝，让粉丝带来新的客户。这样的营销最便宜，但也最昂贵。说其便宜，在于一旦品牌获得流量支撑，口碑将自发形成，无须砸下重金去推广。说其昂贵，是因为每个诚心追随品牌的粉丝，势必都要由企业以真心换真心的服务感化而来，路漫漫其修远兮，唯上下求索方能成真。

认识到围绕流量的一切，创业者是否还会去抱怨？我认为，他们会立刻行动起来，从重新了解和认识流量开始，理解互联网商业的本质。他们会围绕如何吸引、掌握与利用流量，设计新的策略、尝试新的方案，甚至能开发出新的路径、创造新的奇迹。

数年来，我和同事们潜心研究中国电商业界的引流实操案例，在丰富的实践中形成了具有体系性的理论。经过整理，我将这套理论执笔成书，命名为《引流密码》。

本书虽然只是中国电商引流攀登道路上的一道阶梯，但足以改变许多创业者的心智模式，进而改变其团队和企业的思维与理念模式，帮助他们重新看待个人和事业的根基，并尝试从破解引流难题开始，获得迥然不同的启发。

机会永远留给有准备的人。与其俯首叹息错过了互联网世界的初升朝霞，不如努力仰望新时代的浩瀚宇宙。那里有无数星球汇聚成的茫茫银河，犹如看不见摸不着却永远充满热力的流量，让我们为之倾倒、为之奋斗。

推手先生

2019 年 12 月

前言

"引流"一词，已经从最初的专用术语，变为互联网商业世界中耳熟能详的热词，变成创业者们孜孜追求的理想。甚至有这样的故事，在电商企业的运营中，老板遇到困难就会皱起眉头，叫来引流运营团队的主管问道："能不能想想办法，找来10万+的流量？"

毫无疑问，电商想要成功，离不开引流，但并非每个创业者都清楚什么是引流。引流不再是营销层面的专用技术，而是构建企业运营体系的思维与逻辑。如果能破解引流密码，距离企业打开财富大门也就只有一步之遥。

围绕引流密码，本书以图文并茂的形式，从底层思维到执行步骤层层解析，针对电商创业者最常遇到的相关问题进行解决。其中，有提纲挈领、简明扼要的理论阐述，更多部分是实际操作步骤的提示，尤其是结合了近年来互联网商业领域中大量实际案例，使读者能够一目了然，明晰引流道路上各个环节和层面所需要重视的事项。

本书共分为3篇。第1篇解答如何定位，包括创业者个人品牌的定位、企业品牌名称和形象的定位、目标客户的定位。通过了解定位法则，找到引流战略制定的出发点。

第2篇介绍打造超级流量的具体方案，包括引流前的具体准备、抖音平台引流、搜索平台引流、微信引流、微博引流、社群引流、自媒体引流和其他平台引流等。该篇从不同角度、不同渠道入手，详细提供了引流的操作流程，既有简洁明了的步骤，也有主导决策的思路，适合不同成长阶段电商企业的引流运营者学习领悟。

第3篇分析如何从引流的"线"，走向品牌的"面"。包括选品对引流的重要意义、流量变现的方法与逻辑、复制裂变引流与个人品牌的生态闭环等。该篇内容为取得阶段性引流成功的创业者，提供进一步开发引流成果价值的策略与方法。

流量不等人。移动互联网上的流量是宝贵的，早一天行动起来提升自我，创业者就能更早抓住流量时代的宝贵机会，搭乘驶向下个商业阶段的列车，领略前进路上的美景。通过引流过程中不断地学习、思考、行动和反思，创业者将从自我赋能开始，逐步让流量赋予整个团队、企业新的能量，最终用优质的产品价值，回馈每一位追随的粉丝、忠实的客户。

自　序

前　言

第 1 篇
要创业，先定位 1

第 1 章　如何定位个人品牌 3
1.1　为什么必须做好个人品牌定位　4
1.2　如何发掘你的差异化竞争优势　7
1.3　怎样塑造资深背景　10
1.4　如何规划个人品牌的宣传推广计划　12

第 2 章　如何定位品牌名与 VI 设计 21
2.1　个人品牌名拟定的 5 个原则　22
2.2　如何设计易懂易记的广告语　26
2.3　如何设计让人一眼难忘的品牌 Logo　31
2.4　做好品牌 VI 设计的 5 个因素　33

第 3 章　如何定位目标客户 37
3.1　如何选择细分市场　38
3.2　如何确定目标客户的关键词标签　41
3.3　做好客户场景分析的 5 个因素　43
3.4　确定目标客户族群的 5 个方法　45

第 2 篇

如何打造超级流量　　51

第 4 章　引流不打无准备之战　　53
4.1　引流前的账号准备　　54
4.2　引流前的硬件准备　　57
4.3　引流前的规划与测试准备　　60
4.4　引流平台及图文工具的选择　　63

第 5 章　抖音引流：如何快速获取百万粉丝　　67
5.1　抖音注册与资料编辑的策略　　68
5.2　抖音定位策略与技巧　　69
5.3　抖音客户锁定策略　　71
5.4　抖音的运营策略与技巧　　75
5.5　抖音内容生产的策略与技巧　　79
5.6　抖音账号如何"涨粉"更火爆　　81
5.7　抖音上热门疯狂引流的策略　　85
5.8　如何通过抖音打造品牌知名度　　88
5.9　抖音快速引流的方法　　92

第 6 章　搜索平台引流：如何轻松获取精准流量　　97
6.1　百度账号注册方法　　98
6.2　百度知道引流方法　　99
6.3　百度百科引流方法　　100
6.4　百度文库引流方法　　102
6.5　百度经验引流方法　　104
6.6　百度网盘引流方法　　106
6.7　百度其他引流方法　　108
6.8　微信搜索引流策略　　111

第 7 章　微信引流：构建流量池其实很轻松　115

- 7.1　微信号设置策略　116
- 7.2　微信朋友圈装修策略　118
- 7.3　微信公众号引流策略　122
- 7.4　微信群引流策略　124
- 7.5　微信矩阵引流策略　127

第 8 章　微博引流：粉丝需要你提供好玩的内容　133

- 8.1　微博内容引流技巧　134
- 8.2　微博头条文章引流技巧　136
- 8.3　微博搜索引流技巧　137
- 8.4　微博话题引流技巧　139
- 8.5　微群引流技巧　143
- 8.6　微博私信引流技巧　145
- 8.7　微博评论引流技巧　147
- 8.8　微博转发抽奖引流技巧　148
- 8.9　微任务和粉丝通引流技巧　152
- 8.10　微博 @ 网红引流技巧　153

第 9 章　社群引流：场景中留住粉丝的最佳方式　157

- 9.1　如何拥有 1000 个微信群　158
- 9.2　社群粉丝如何才能更精准　161
- 9.3　如何激活社群，让粉丝更活跃　166
- 9.4　如何管理社群运营团队　168
- 9.5　如何定位场景化社群　170
- 9.6　社群如何设置利于引流的机制　173
- 9.7　社群裂变的策略与技巧　174

第 10 章　自媒体引流：如何让你的引流信息霸屏　181

- 10.1　自媒体平台选择技巧　182

10.2	自媒体内容与粉丝定位策略	184
10.3	头条号引流技巧	187
10.4	百家号引流技巧	189
10.5	一点号引流技巧	190
10.6	搜狗号引流技巧	193
10.7	豆瓣号引流技巧	195
10.8	搜狐号引流技巧	198
10.9	大鱼号引流技巧	200
10.10	企鹅号引流技巧	202
10.11	新浪看点引流技巧	205
10.12	自媒体平台引流通用技巧	207

第 11 章 其他平台引流：引流无定法，合适的就最好 211

11.1	阿里系平台引流技巧	212
11.2	QQ 引流策略与技巧	216
11.3	视频网站引流技巧	219
11.4	直播平台引流技巧	221
11.5	音频类平台引流技巧	223
11.6	社交类平台引流技巧	224
11.7	论坛类平台引流技巧	226
11.8	门户类软文引流技巧	228

第 3 篇

从流量到品牌，你可以 233

第 12 章 引流变现，正确选品很重要 235

12.1	为什么选品如此重要	236
12.2	如何选择适合自身定位的产品	237
12.3	选品的 7 个秘籍	239
12.4	选品需要规避的 7 个陷阱	241
12.5	选品测试的方法与策略	243
12.6	选品变现时如何建立品牌	246

第 13 章　流量变现的 4 个秘密　　249

13.1　流量变现的 5 个途径　　250

13.2　流量变现的 7 个技巧　　251

13.3　流量变现的步骤规划　　253

13.4　流量变现的 4 个原则与注意事项　　255

第 14 章　引流犹如走楼梯，会复制裂变才像坐电梯　　259

14.1　如何让流量生生不息　　260

14.2　复制裂变的规划与运营　　262

14.3　复制裂变流量的步骤　　264

14.4　复制裂变流量的 8 个方法　　267

14.5　千群裂变与连环引流　　269

第 15 章　个人品牌如何成为生态闭环　　273

15.1　从引流到变现，让个人标签成为个人品牌　　274

15.2　连接更多人，布局渠道，整合资源　　275

15.3　运营社群，轻松构建商业地盘　　277

第 1 篇

要创业，先定位

> 定位，是创业者成长的路径，是对个人和企业未来发展方向的构想与描述。创业者对自身和企业所进行的准确战略定位，是其战略布局徐徐展开的原点。因此，准确的定位，是创业者打造成功企业的开端。没有准确的定位，就不会有后续的高效管理经营，更不会有出色的创业成绩。

第1章 如何定位个人品牌

如今，中小企业品牌所能直接发挥的营销力量，已经越来越有限。与此形成鲜明对比的是，创业者个人品牌的作用却越来越大。很多时候，客户是因为信任某个人，进而信任其产品、企业。正因如此，经过准确定位后的个人品牌，将能创造出更大的价值。

1.1 为什么必须做好个人品牌定位

个人品牌的价值,包括个人价值观念、思维方式、行为习惯、教育背景、专业技能、生活经历、工作能力、社会贡献、性格特征、外在形象等诸多因素。总体来看,个人品牌价值的内容,不外乎两个方向:对外,能够为别人创造的价值;对内,经营自身所拥有的长期价值。

创业者只有充分意识到在两大方向做好个人品牌定位的意义,才能拥有切实和持续的动力去自我提升。

1.1.1 什么是个人品牌定位

个人品牌定位,是个人品牌价值战略的核心内容,主要包括职业、事业和风格定位。

想要了解如何进行个人品牌定位,不妨从实际出发,回答下面的问题,如表1-1所示。

表1-1 个人自查表

序号	问题	答案
1	你正在从事何种工作?多久了?	
2	你喜欢这份工作吗?你在所从事的工作领域算专家吗?或者你只是想从中获得收入?	
3	你希望从事何种工作?你是否在为之做准备?你在做一些什么样的准备?	

（续）

序号	问题	答案
4	你的梦想是什么？是否和你现在的工作有关系？你打算如何实现你的梦想？	
5	你的性格特点有哪些？是否影响到了你的工作风格？	
6	你的人生态度是什么？	
7	你愿意为别人提供怎样的价值来实现自我？	
8	如果你成功了，那是什么样的场景？	

通过回答这些问题，你会了解到个人品牌定位的整体追求，在于凸显你与众不同的一面，并通过不断提升这些特点创造的价值，在目标群体的心目中变得独一无二。

个人品牌定位和传统商业品牌定位有所不同。企业和产品品牌更看重在目标群体心目中的"占位"，而个人品牌定位还需要注重唯一性。只有将自身的"独一无二"特点发挥到极致，才能拥有成功的个人品牌。

1.1.2 如何做好个人品牌定位

做好个人品牌定位，主要从以下 3 个维度入手，如图 1-1 所示。

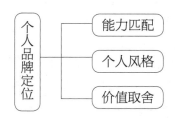

图 1-1 个人品牌定位 3 维度

1. 要清楚个人职业、事业是否与自己的核心能力相匹配

当一个人选择创业时，他必须清楚自己是否适合在该方向上创业，是否喜欢相关的产品领域，是否愿意始终在这个方向上深耕发展。

2. 定位个人品牌，要形成鲜明的个人风格

个人需要通过强化沟通能力，将个人品牌内容有效地传达出去。个人必须要有能力在大众面前运用文字、语言来传达思想，学习站在受众群体的角度来看待事情，尝试让他人以最快最简单的方式来了解你的思想。

3. 需要不断修正自己的价值观，从目标群体的需求出发

了解目标群体的需求，来进行自我价值的取舍。为此，个人必须清楚，哪些价值观对目标群体是最重要的。例如，如果你认为对方最看重的是信赖关系，那么这就是你定位个人品牌的独特优势。相反，你就需要弱化一些在他人影响下形成的价值观，包括来自父母和创业伙伴的部分价值观。

1.1.3　个人品牌定位的意义

当代人越来越容易陷入焦虑，认为企业、组织或者平台无法给自己足够的安全感。其实，真正的安全感，来自于自身，只有明确个人品牌定位，提升自己的影响力，你才会从焦虑中摆脱出来，不断走向成功。

具体而言，做好个人品牌定位的意义，包括以下几个维度。

1. 精准自我定位

如果能够对个人品牌进行精准的定位，你就会清楚自己的定位在哪里，包括拥有哪些技能和优势，想让别人了解你的哪些方面，想让别人如何看待你等。因此，定位个人品牌的过程，就是自我定位的过程。

2. 宣传自身形象

在定位个人品牌的过程中，需要不断宣传自身形象，如同企业不断宣传产品和自身一样。当你准确定位个人品牌后，你的自身形象也会随之深入人心。

3. 完善自我

在定位个人品牌的过程中，你会不断收到各种反馈，既有认可的，也有反对的。无论这些信息究竟是正面还是负面的，都会对你完善自身的不足提供充分的帮助。

4. 打造品牌资产

通过准确定位个人品牌，就会逐步建立品牌知名度与客户忠诚度，从而将个人品牌升级为品牌资产。虽然这是一个逐步积累最终突破的过程，但如果品牌定位得法，影响力会不断扩大，品牌资产的价值也会不断提升。拥有了这样的品牌资产，你自然能够获得丰富的创业资源，从而获得丰厚的回报。

1.2 如何发掘你的差异化竞争优势

差异化竞争，是个人发展战略的重要方向。高举差异化大旗，创业者的产品、服务和品牌会显著区别于竞争者，为企业带来利益。

差异化竞争就是发挥差异化优势为客户提供特殊产品或服务利益的过程，其中包含两个含义：首先是不同之处，突出强调创业者的个性，构建竞争壁垒的基础；其次是优势，不仅要形成差异，还要将差异变成优势。

打造差异，不是单纯标新立异，而是为了客户而创造价值。

1.2.1 细分领域选择

阿尔文·托夫勒在《未来的冲击》一书中写道："新知识的浪潮，已迫使我们走入日渐细分的专业领域，驱使我们以更快的速度重新修正现实在我们头脑中的形象。"

为建立个人差异化竞争优势，创业者必须重新认识并建构专业领域。

下面是关于选择何种领域进行创业的建议。

1. 分析兴趣、个性与特长

"我喜欢什么？"这个问题很重要，决定创业者在面对实际困难时是否能持续下去。

很多女孩子喜欢带有文艺气息的饰品。上学时，她们就会在相关专柜前流连忘返。工作以后也保留着这份情怀。这样的人，适合做相关产品的电商零售。因为兴趣驱动，她们很容易投入对产品的选择、销售方案的设计、宣传材料的组织中，为此尽心尽力、废寝忘食。她们也会对产品更新、客户反馈、渠道保障等烦琐的事项甘之如饴，从不会感到烦躁。

将兴趣开展为事业之后，会比普通工作带给创业者更多固定的客户群，他们也就因此具备了成功的资本。

"我的性格和特长是什么？"这个问题同样重要，它直接决定创业者应该选择何种细分领域。

例如，有些人的学习和工作背景是技术领域，并没有养成注意他人感受的习惯，而是更专注于如何解决技术问题。这种个性，就不太适合在直接提供服务的领域创业。

2. 自身资源

细分的创业领域有着一定的门槛。创业者一旦面临资源匮乏的处境，很可能会难以跨越门槛而遭遇失败。

资源主要包括能力、资金和人际关系3个方面。

（1）能力。

这是创业者选择细分领域首先应考虑的。当个人的技术、管理、执行、思考等能力，可以掌控该细分领域的运营模式时，成功的可能性将会大大增加。

（2）资金。

谈钱伤感情，但创业却不能不谈钱。不同行业方向有不同的资金需求。创业者需要清点钱包，评估投入能力和融资能力。

一般而言，技术行业的资金投入最低，其次是普通批发零售行业，资金需求最高的则是生鲜行业、餐饮行业等。

（3）人际关系。

创业者选择细分领域前，应盘点自身社会关系，比如可以加入团队的人员、可以打通营销渠道的朋友，或者能拉来投资的组织机构负责人等。不同领域有不同特点，对其加以分析，综合判断最适宜投资的领域。

1.2.2 细分领域定位

对某个行业进行细分，能使创业者有机会进入该领域最深处，了解细节部分，以便做得更好。

1. 广泛探索需求

创业之前，每个人都有各自经历，也会取得一定的成绩，但直接将原有经验拿来创业并不现实。为了凸显差异化优势，创业者需要探索了解创业领域内的各种需求，找准目标客户群体。

同样是服装类电商创业，可以细分的客户群不仅有男性、女性、儿童、老人，还可以进一步根据职业、用途、收入、社会角色等标签细分。

找到适合深耕的服务群体，创业者才能建立特殊优势。

2. 深入了解信息

移动互联网时代，人人都能主动搜索和了解信息。创业者所能形成的差异化优势，基于能比大多数人了解到更多的信息。例如，行业中主流业态是哪一种、市场上知名品牌和企业有哪些、竞争状况如何、产品本身的优势和劣势、目前平均的盈利状况如何、普遍投入的资金需要多少等。

如果创业方向是生鲜电商，创业者就不能满足于掌握普通的产品知识，而是要深入从生产地、物流再到营销前线的整个行业链条中，从各个环节入手，学习生鲜产品相关知识，搜集海量信息。

面对搜集到的信息，创业者应自我提问："哪些产品是我的客户最需要的？""他们最在乎这些产品的哪一方面？""产品怎样才能在一瞬间吸引他们？"这样，创业者就能对信息进行区分。

3. 提供独特的产品或服务

创业者积累信息和确认需求之后，应提供独特的产品或服务。此时应遵守以下原则。

（1）发现其他竞争者并未注意到的信息，融入产品或服务中。

（2）根据信息内容对产品和服务进行迭代，迅速、简单地满足客户独特的需要。

（3）评估客户接收到产品或服务之后的体验效果，据此对产品和服务进行调整。

在选择产品或服务领域时，应积极从生活中寻找，绝不仅限于熟悉的网络、广告、报纸杂志等。留心日常生活中普通人的痛点和需求，为之寻找解决方法，便于进入对应细分领域创业。

定位细分领域时，应尽量选择周期较短的项目。流动性较强、运营简单且回收快的产品或服务项目，不仅投资较少，也有更大的运作空间。

1.3 怎样塑造资深背景

在这个推崇专业性的年代里，没有人喜欢外行。拥有过人的思维方式与工作技能，才能帮助特定人群解决问题。电商创业者应积极塑造个人背景，展现专业形象，获得客户的肯定与信任。

通常而言，在某个行业浸润多年的创业者具备以下特征，如图1-2所示。

图1-2 资深背景创业者的特征

1.3.1 拒绝盲从

随声附和的人，总会给人留下能力平平的印象。对他人提出的看法和意见，创业者不能盲目附和，即便对客户也应如此。创业者必须认真思考和分析：客户所需解决的问题，是否就是其表面上所体验到的麻烦。

并非每个客户都有能力或耐心去探究问题的本质。因此，创业者不能急于求成，前期要与他们适当交流，帮助弄清客户的真正需求。随后，再确定客户是否能通过产品或服务解决问题。如果不能解决，必须要和客户进一步沟通，寻求新的可能。这样，即便无法成交眼前的单子，也能塑造出创业者的专业形象与资深背景。

1.3.2 多种方案

创业者总是希望客户能认同自家的产品和服务。但是，在竞争激烈的市场中，创业者又不能过于自我推崇，变成"王婆卖瓜、自卖自夸"。为了展现专业性和独立性，创业者需要准备多种产品、服务和营销方案。

某些时候，客户执着于购买某类产品和服务。对此，创业者既应理解客户的想法，又要适当保持距离，理性地为客户提供更多购买方案。一旦客户改变想法，从新方案中受益，就会高度认同你的专业品质，为后续购买打下坚实基础。

1.3.3 适度沟通

唠叨的老板不仅会让下属生厌，同样也会吓跑客户。这是因为他们不懂适度沟通的重要性。

营销时，不少创业者担心个人能力不足，或者为了凸显产品或服务的价值，与客户、投资方甚至团队成员进行了过度沟通。

例如，将简单的产品问题，描述得过于复杂，展现太多细节，让客户难以理解、望而生畏。

具有资深背景的创业者，擅长归纳、总结和提炼。他们会将复杂的问题简单化，根据客户、投资方或团队成员的特点，以寥寥数语的篇幅，用对方最容易接受的语言风格进行描述，确保对方在最短的时间内理解自己的意图。

1.3.4 识别风险

创业有盈利性，就必然有风险性。选择创业，就要做好承担风险的心理准备。

若创业者笼统提醒团队成员"有风险"，或只能说出风险的大致情况，就会显得内心比较稚嫩。成熟的创业者，会提前根据行业实际情况，结合产品质量、服务模式、营销渠道、团队运营等多方面特点，识别并分析风险，再加以宣示。这样，既能对风险进行合理规避和预防，也能让别人认识到你深厚的从业背景。

1.4 如何规划个人品牌的宣传推广计划

个人品牌的成功打造，离不开对宣传推广计划的准确规划和全面执行，其组成部分如图1-3所示。

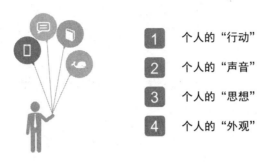

图1-3 个人品牌营销的四个组成部分

成熟的个人品牌营销计划包含上述四方面因素。结合这些因素，强化创业者个人优势，形成积极改变，可以弥补现状和理想的差距。

1.4.1 个人的"行动"

安德鲁·卡内基说："随着年龄的增长，我越来越不注意别人说什么。我只是看他们怎么做。"

创业者个人品牌营销计划离不开行动的方式和内容。这里的"行动"，主要是指他人通过视觉观察到、能够影响个人品牌传播效果的行为。创业者必须要充分规划和管理，让个人"行动"成为品牌营销计划的重要推动力量。

例如，想要在创业过程中保持充分的条理性，可以通过下面的方法实现。

（1）创建一个在线文件系统，随时记录创业过程中自己的行动。
（2）用笔记录工作日程，包括产品推进项目、引流项目以及需要考虑的事情等。
（3）简要总结和不同人谈话的日期、时间、谈话内容以及下一步的打算等。
（4）列出表单，记下你见过的所有人，即便只是投资机构或合作伙伴的普通员工或助理。

（5）积极练习。可以在团队内部进行演练，让朋友或团队成员模拟客户或合作商提问，创业者进行回答。然后，请他们说出其最真实的感受，包括你对每个问题回答的质量如何、你回答问题的方式是否很好地传播了个人品牌等。

通过事先准备，尽可能让不同的人，以不同的方式看到你积极而有序的行动。这样，他们就会了解并信任你。

1.4.2 个人的"声音"

创业者的声音有着强大的影响力，足以提升品牌质量，他们必须学会合理而正确地控制声音。

1. 音高

普通人很难改变与生俱来的嗓音，但能够改变音高，避免过高或过低。

创业者可以进行事先练习，录下自己的声音再回放聆听，判断音高是天生偏高还是偏低。如存在问题，就需要刻意练习提高或降低音高。实际上，只需要稍加练习，创业者就会发现有越来越多的人愿意聆听自己说话。

如音高的调整难以自行完成，不妨找个声音教练来辅导和帮助自己。通常而言，有播音主持学习经历的人都能胜任教练工作。

2. 发音

在与人沟通的过程中也需要注意发音方式。无论你想要传播怎样的个人品牌，都应做到清楚而准确地吐字。

如何判断个人发音是否清楚？最有效的方法，就是观察人们是否经常重复你所说的话。如果经常出现这种情况，创业者就需要进行发音练习。

最有效的发音练习方法，是录下自己朗读新闻或书籍的声音，然后回放录音，判断吐字发音是否清晰。也可以邀请其他人共同听录音，确保他们能够毫不费力地听懂每一句话。

3. 语速

过快或过慢的语速都会影响品牌形象。说话太快,别人无法跟上你的思路,太慢的语速,又会让别人不愿意听下去。创业者可以尝试选择适当的语速,反复进行调整,询问他人的感受,借以确定最佳语速。

4. 音量

创业者如果说话声音太大,则会显得盛气凌人、过于强势;但如果声音太弱,则又无法清楚表达。

最好的音高训练方法,是询问不同的人(包括家人、好友和同事),了解他们对你说话音高的看法。再根据回放说话录音的自我感受,进行有针对性的调整。

1.4.3 个人的"思想"

个人品牌传播计划中,个人思想的分量很重要。创业者需要了解自己每天在思考什么,对内容加以取舍,让思想富含积极能量,推动品牌的成长。

1. 整理思想

下面的练习能够帮助创业者更清楚自己在思考什么。

准备两根不同颜色的荧光笔、几张条纹纸、一支书写笔。

设定五分钟计时器。拿起笔,写下五分钟内在脑海中出现的每一件事情、每一个想法,不用担心写什么内容,也不需要考虑是否有价值。

五分钟结束后,通读写下的想法。用一种颜色的荧光笔标注出其中与创业工作相关的内容,用另一种颜色的荧光笔标注出和私人生活相关的内容。

再次通读所有想法,用书写笔在所有负能量思想下面画横线,同时圈出积极的想法。

最后,客观分析自己创业过程中的思想内容,进行有目的的提升和改变。如发现自己存在不少负面想法，并不需要为之担心，而是确信随后即将进行改变。

2. 改变思想

创业者意识到自己的负面思想时，需要对自我状态积极调整。可以试着在每天早晨醒来时，让脑海中的第一件事就是积极向上的。例如，"看来今天天气不错""今天我很愉快""昨晚睡得真好"等。这样，你就会感到无论是在工作、学习还是个人生活中都充满希望。

创业过程中还应学会自我引导。由于创业艰难，不少人心中最初的兴奋、积极，会逐渐发展为疑惑、质问和焦虑，思想状态的负面变化，很容易破坏个人品牌的营销和传播。因此，在面对困难情况时，可以采用暗示和冥想的方法，将个人感受向积极方面转化。

例如，列举自己创业以来最快乐的时刻，包括所有的感受细节。不要只是写"我获得第一笔订单的时候"，而是写下"我获得第一笔订单的时候，我的客户用电话询问了详细情况，整个团队都在庆祝。作为创业者，我感到很骄傲，似乎自己是世界上最了不起的人。"

让思绪集中于积极体验，尽可能多感受它，闭上眼睛，回忆声音、表情、环境，让内心真正快乐起来。这样的练习做得越多，创业者就越是能自动释放个人负面思想。

创业者也可以在每天工作结束的时候进行盘点和奖励。例如，带着积极的想法结束工作时，就应进行自我奖励，以此养成良好的心态习惯，并提高个人影响力。

1.4.4　个人的"外观"

有句名言："你永远不会再有机会重新建立第一印象。"制定个人品牌推广计划，不能忽视外观的重要性。

个人的形象外观在构成上包括多项要素，其中主要有仪容、仪态、表情、服饰等方面。

1. 仪容修饰

仪容修饰计划，最基础的是发型。

（1）整洁。

勤洗发、理发，努力让头发保持清洁卫生的状态。至少3天洗一次发、半个月理发一次，随时随地检查头发的清洁度。

（2）整齐。

将头发梳理到位，避免蓬松凌乱。确保头发能保持既定发型，可使用美发用品加以定型。

（3）适当。

头发长度上应做到宜短不宜长。男士头发的长度不超过7厘米，前发不覆额，侧发不掩耳，后发不及领。女士头发的长度则可放宽一些，在对外场合应做到前发不遮眼，后发不过肩，否则必须扎起。

2. 仪态美化

仪态，即待人接物的姿势与动作。与天生的相貌比较，姿态更能展现一个人的精神气质。创业者必须通过规范和优雅的行为举止训练，展现良好的气质与风度。

仪态美化计划包括以下方面。

（1）站姿训练。

站姿是仪态美的基础。正确的站姿应是端庄、亲切、稳重、轻松且精神饱满的。从正面看，站立状的人应以鼻为点作垂直线的，人体在垂直线的两侧对称。规范的基本站姿为头正、肩平、臂垂、躯挺、腿并、重心稳。

创业者也可根据场合调整站立姿态。男士可以将两手搭放在背后或腹前，两脚可以略微分开，与肩同宽。

（2）坐姿训练。

在日常工作和生活中应随时注意坐姿。创业者应坐得端庄稳重、亲切文雅。

坐下时，应用膝盖抵住椅背，轻轻拉出椅子，再从一侧入座。动作不应太快或太慢，也不应太重或太轻。坐下后，上体自然坐直，头正目平，嘴微闭同时面带微笑。胸微挺，腰伸直而微靠。两腿自然弯曲，小腿与地面基本垂直，两脚平落地面。双膝应并拢，臀部坐在椅子中央。

（3）走姿训练。

走姿即行走姿态，体现创业者的动态形象。稳健而敏捷的走路姿势，能带来积极向上的感染力，反映良好的精神状态。

规范的走姿应步态端正、轻盈、稳健且充满活力。基本要领是上体正直不摆动，两肩相平不摇。抬头挺胸而微收腹，两臂自然前后摆动，肩部放松。两腿直而不僵，身体重心落在脚掌的前部。眼平视，嘴微闭，面带微笑。步幅适中而均匀，两脚落地成一线。

3. 表情训练

表情是个人面部呈现的具体形态。在引流、营销等商业活动中，创业者应对表情熟练把握和运用。这不只是事业要求，更是成功者待人接物必须具备的修养。

认真的眼神、真诚的微笑，是创业者必备的基本表情。

（1）眼神。

眼神是指社交活动中通过视线接触而传递的信息，创业者应注意避免出现不利于人际交往和个人品牌塑造的眼神。

尽量不要瞪眼，避免造成对方的误解，认为你对其有敌意；也不要盯着或眯起眼睛看别人，会造成不礼貌的嫌疑；从眼角将目光投向别人，会传递出漠然甚至轻蔑的情绪，也应努力避免。

（2）微笑。

创业者应当在大多数公共场合展开"微笑社交"，让微笑成为名片。微笑能强化语言沟通的功能，增强交际效果，还能和其他非语言沟通加以配合，形成高效沟通。

微笑着向他人介绍产品特点，会消除对方的怀疑情绪；微笑着聆听合作伙伴的意见，能显示创业者对其尊重但又并非诚惶诚恐的态度；微笑着指出团队成员的问题，能够避免对方的处境难堪，也能让人感受到领导者的亲和力。

当然，微笑也需要区分场合、适时适地，并非在任何情况下都是最好的。

4. 服饰搭配训练

服饰是人类的"第二皮肤"。服饰搭配训练在个人品牌计划中占有重要的地位。

电商创业者 A 女士有很好的学历背景，能针对市场制定出很好的产品方案，在公司的初期经营中表现出色。当她开始面向投资机构寻求融资时，对方却并不是很重视她的看法和建议。

一位形象设计师发现，A 女士在着装方面有明显不足。她 28 岁，身高 157 厘米，体重 46 公斤，喜欢穿休闲服装，看起来像个女学生。该形象对于团队成员和以年轻群体为主的客户来说减少了距离感，增强了她的领导力和影响力。然而，当面对投资机构与中年客户群体时，对方出于第一印象的心理暗示感到缺少信任，影响了其个人品牌的建立和推广。

形象设计师建议她在某些场合改变服饰搭配，突出专业领导者气势。整个训练计划包括使用深色职场套装、对比色的上衣、丝巾进行搭配，还配上了重黑边的眼镜。不久之后，投资机构和中年客户的态度有了很大转变。

制订服装搭配计划时，应注意以下原则。

（1）TOP 原则。

TOP 分别代表时间（Time）、场合（Occasion）和地点（Place），即着装应和时间、场合与地点等因素相互协调。

例如，与重要客户会谈，衣着应当庄重考究；出席新闻发布会，则应穿商务服装；带领下属进行团建，所有人都着装轻便舒适，作为领导者如穿着西装革履就会破坏气氛。

（2）配色原则。

可以在同一色系中，按照深浅、明度不同进行搭配，形成和谐的美感。还应尽量用色谱上相近的颜色进行搭配,如橙黄、蓝绿等。这种搭配方法,应注意明度和纯度上的不同,显示出调和的变化。

具有一定的搭配能力后,也可以用对比色进行搭配,使用两种性质相反的色彩进行组合。

(3)适合原则。

普通人的形体总是不完美的,服饰搭配训练应尽量运用技巧来突出身材优点、掩盖缺点。

身材较矮的人,适合衣着上下颜色协调一致,从而产生整体加长的效果,并不适合使用对比强烈的颜色;身材矮胖的人,应采用同色系、同质地的面料,尽量选择深暗颜色、细竖条纹,能够很好地增加长度、收缩面积;身材高瘦的人,则应利用服饰搭配,突出圆润的线条与色彩,使身体在视觉上丰满起来。

第 2 章　如何定位品牌名与 VI 设计

品牌名称和视觉形象，是品牌给目标群体的第一印象，它决定了客户是否会在最短时间内愿意接近品牌。创业者要全面了解定位与设计品牌形象的方法，唯有如此，品牌才会让客户眼前一亮、怦然心动。

2.1 个人品牌名拟定的5个原则

个人品牌名称系统由个人姓名(包括笔名、艺名、网名等)、签名、名片、简历、声音、标志物等要素构成。

拥有优秀的个人品牌名,能让你在创业道路上精准行走。品牌名不仅能表明身份,还能传递理念,成为个人品牌的识别符号,有效精准地传递信息。

个人姓名,是社会交往中不可缺少的代码,由家族和父母赋予。相对而言,笔名、艺名或网名,则更多是为了表达个人抱负和理想,更容易传达出品牌的本质。用网名、笔名或艺名作为创业者个人品牌的初始名称,是比较明智的选择。

个人品牌名拟定原则,如图2-1所示,包括以下5点。

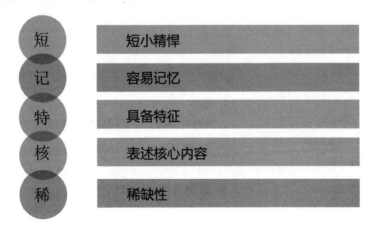

图2-1 个人品牌名拟定原则

2.1.1 短小精悍

优秀的个人品牌名称都是短小精悍的。名称越短,越容易引起联想,构成更宽广的概念外延。

一般而言，品牌名称的设定不应超过 3 个汉字，英文不超过 8 个字母。

例如，马云的网名"风清扬"，罗振宇的昵称"罗胖"，高晓松的节目名"晓说"等，都只有两三个汉字。意大利著名时装设计师 Gianni Versace 创立的品牌 Versace（范思哲）、Henry Ford 创立的汽车品牌 Ford（福特）等，都在八个字母之内。

2.1.2　容易记忆

个人品牌要便于识别、容易记忆，才容易传播。

（1）要使用笔画简单、比较容易写、认、记的汉字或英文单词，尽量避免使用笔画较多、难以识记的生僻汉字，避免使用复杂冗长的英文单词。

例如，papi 酱、张大奕、李子柒这些名字，因为简单而容易被记住。

（2）避免使用声调相同的汉字，以免读起来拗口，听起来不符格律，不容易被传播者记忆。

尽量使用开口音或音调上扬的汉字或单词作为个人品牌名的结尾用字。例如，成龙、刀郎、阿宝等艺名，都符合上述特点。

（3）个人品牌名称应注意字形搭配，注重长短、偏旁、疏密的变化与统一，具有视觉美感的名称更容易被记住。

2.1.3　具备特征

个人品牌名称应独特新颖，突出个性。电商创业者面向广大互联网客户，更应善于运用日常的文字素材，起出令人叫绝的独特网名。

1. 运用独特点

如你本人的姓名中有比较独特而又通俗易懂的字，不妨将其加入你的个人品牌名称中。

"行一社"的老米，是网络淘客界的杰出人士，无论是在淘客界，还是整个互联网商业界，姓米的名人都很少。因此，他的个人品牌名称就叫老米。

2. 形象化与谐音

电商个人品牌名称更多依赖于互联网传播，创业者可利用形象化字词进行打造，能让人看到名字时就产生联想。

国内某知名 B2B 平台大客户销售经理，昵称是"粥鱼学长"。客户群体无论是通过手机还是电脑，看到他的名字就会想到"粥鱼"这种食物，形成深刻印象。

可以利用谐音方式来塑造名称的独特性，让名字能够和其他著名 IP 联系在一起，从而具备独特感。例如，"粥鱼"与"周瑜"同音。后者几乎是中国家喻户晓的名人，没有认知门槛。这样，"粥鱼学长"名称的独特性也得到了进一步建立。

3. 针对特定人群起名

如创业方案中已有了明确的客户群体对象，可以考虑面向他们设计打造专属的品牌名称。

专门做儿童空气净化器用品的"三个爸爸"，创始人是三位男士，如用他们自己的姓名作为品牌名，很难产生独特性而吸引客户。反之，使用"三个爸爸"则能够让人迅速联想到育儿、健康、责任等品牌内涵。

2.1.4 表述核心内容

好的个人品牌名称要含义丰富、耐人寻味，给人以联想空间。名称应能表达个人的价值观、愿景和理想追求，赋予品牌名称以传播的核心内容，激发客户的了解意愿。

在设计个人品牌名称时，可以将个人从事的产品营销和服务与姓名结合在一起，作为个人品牌名称加以传播。

如笔者本人的品牌名就是"推手先生",笔者所从事的工作和擅长的事情,就是帮助别人获得流量,帮助别人的品牌得到曝光,而笔者只作为幕后的推手。所有人看到"推手先生"四个字,就知道笔者擅长什么。

再如为笔者取名"推手先生"的朋友"商标先生",他本人特别擅长商业取名、品牌打造、商标注册等,他所从事的工作也全部围绕商标这一核心展开,因此"商标先生"非常精准地阐释了他的特色。能够表达核心内容的品牌名,往往好听、易懂、让人过目不忘。

2.1.5 稀缺性

武汉工程大学副教授、火遍全国的PPT达人"秋叶大叔",原名为张志。由于这个名字太过普通,全中国可能有成千上万的张志,因此他将自己的个人品牌名定为"秋叶",并推出"秋叶PPT"公众号,引发了广泛关注。这就是合理利用稀缺性的典型案例。

制造稀缺性的方法有以下几种:

1. 利用地域、行业

在个人名称前加上一定的范围限定词,如"北京""上海""深圳"等,也可以用行业如"公务员""房产""超市"等词语。这样,就避免了个人品牌名称因为太过普通而被人过目即忘。

2. 利用年龄

在个人品牌名称前后加上年龄,如"90后""大叔""阿姨"等词语,既能让他人感到亲切,又具有稀缺性。姓名叫张志的人很多,网名是"秋叶"的人可能也不少,但名为"秋叶大叔"而且又潜心研究PPT的人,全国只有一位。

3. 利用反差性

锤子科技的创始人罗永浩在网络上经常被网友称为"相声大师"。虽然这不是有意打造的个人品牌，但客观上发挥了提升人气、吸引关注的品牌效应。究其原因，在于从事互联网和科技产品创业的企业家，却和"相声"有联系。正是这种反差效果，制造出了足够的稀缺性。

2.2 如何设计易懂易记的广告语

广告语是商业广告传达品牌信息的重要手段，是较长时间内品牌相关的广告中所重复出现的口号性文字。

广告语虽然只有短短一句话，但应产生引导乃至诱惑的作用。为此，广告语应易懂易记，能在客户心中留下深刻印象，方能在品牌传播过程中画龙点睛、强化价值。

广告语设计的总体原则包括：应推敲，确保简洁明快；应有魅力，能唤起客户足够的好奇心；便于记忆，朗朗上口；具有时代感，能引领时尚；应准确反映商品信息特点，不过分夸大产品而导致误会。

可以根据以下原则来设计广告语。

2.2.1 句型选择

1. 单句形式

用简短单句表现品牌价值，全句以独立句式出现，没有任何前后附带的语句。这种广告语干脆精炼、铿锵有力、简单易记的特点非常明显。

以下案例都采用了单句式广告语。

一切皆有可能——李宁

让改变发生——李宁

Taste the feeling(品味感觉)——可口可乐
I'm lovin' it（我就喜欢）——麦当劳
记录美好生活——抖音
只为品质生活——京东

为了强化诉求点的传递，单一句式的广告语大多应采用语气强烈的肯定句型。某些情况下，为了强化感染力，还可以采用缺省语法结构和句型。这种方法除了能够强化节奏感之外，还能唤起接收者的主动联想。因此，设计者不需要担心语义在传递过程中会因缺省而不完整，反倒可能更大地激起客户的接收强度。

例如"活的色彩""飞一般的感觉"这类广告语，甚至不再是短句，而是偏正结构的词组。由于偏正词组具有强弱结构关系，能够在诵读和聆听过程中，自然形成语感节奏，并在节奏的变化中产生语感重心。这样，潜在客户就可以准确捕捉品牌能满足的诉求。

为了获得语义上的强烈效果，单一句式广告语大都需要强调动词。利用动词的动态特征，引领全句的结构，产生语感节奏。与此同时，应避免堆砌，尽量使用含义明确的动词和名词，避免使用形容词。因为形容词具有修饰性，不如名词和动词语义明确。

在某些情况下，也可以使用形容词，但词义需要发生变化，产生明确语义。

例如，麦斯威尔咖啡的广告语是"滴滴香浓，意犹未尽"，这里的"香浓"虽然原为形容词，此时已名词化，能够使潜在客户产生明确的联想体验。

2. 对偶形式

对偶式广告语是采取两个简短且相互关联的单句的广告语句式。这种对偶形式在语义上前后呼应搭配，有相互映衬的韵律效果，能得到广泛传播。

对偶式广告语读起来朗朗上口，具有形式上的美感和含义上的联想空间，在品牌广告宣传实践中经常出现。

根据对偶的严格程度，又可以分为工对和散对两种。

（1）工对。

相对较为工整的对偶，字数相等、用字不重复、上下两句词性相同、词义相对。

晶晶亮，透心凉。——雪碧
钻石恒久远，一颗永流传。——戴比尔斯钻石
人头马一开，好事自然来。——人头马XO

（2）散对。

句式相同，字数大致相等，用字可能重复，上下两句词性可能不同，词义可能重复。

只溶在口，不溶在手。——M&M巧克力
不一样的公司，不一样的汽车。——福特汽车"土星"系列
车到山前必有路，有路必有丰田车。——丰田
没有到不了的地方，只有没到过的地方。——雪佛兰

无论选择工对还是散对，都应注意下面两个问题。

（1）语义对应。

上下句之间应形成语义完整的整体，可以利用短句之间的对应、对立或逻辑上的因果与递进关系来完成。在此过程中，应努力避免上下句之间缺乏变化、语义重复的问题，促使语义形成应有的层次感。

（2）语感节奏。

与单一句式相似，对偶句广告的设计也应考虑语感节奏效果。在确定基本语言内容后，应从语感强度入手，设计出有吸引力的语感节奏。

一般情况下，上下句越是对称和整齐，越是容易形成语感联系，并且便于记忆。对偶式广告语的设计制作，应尽量遵循基本汉语规律。单句字数不能太少，应以3~7字为主。超出这一字数范围的对偶句式，即便对称，也不太顺应汉语语言习惯，难以产生节奏感。

此外，对偶句式还应尽量使用韵脚。采取相同韵母结尾，更容易产生明快而对称的节奏感，保证阅读上口和记忆效果。

3. 短句形式

短句，是带有浓厚西式特征的广告句式。这种句式的特点在于句型完整，逻辑关系充分，并不追求鲜明节奏，更为强调语义完整性。因此，短句广告语语感较为平缓，表达诉求的方式亲切，能传递出比较放松的情绪和富有层次感的语义内涵。

生命，就应浪费在美好的事物上。——黑松汽水
其实，男人更需要关怀。——丽珠得乐

短句广告的价值，在于让品牌内涵在传递过程中变得婉转含蓄。利用关联词、虚词等语言屏障，确保语义结构呈现不同层次。通过这样的语义建构，广告诉求就能被传递出去。

从效果来看，短句广告更利于传递亲和感，比较适合强化品牌和客户之间的情感构建，或建立亲和形象。此外，短句广告更符合知性客户群体的语言习惯，能够传递出富有层次的内容。

2.2.2　创意选择

广告文案创意，是针对目标群体的心理，进行语言文字方面的创造性构思，充分塑造品牌形象。

广告语常用的创意，可以分为以下几种。

1. 平铺直叙法

广告语可以用事实直接说服客户，对品牌特征不需要进行渲染和修饰，直截了当、简单明确地叙述即可。

例如，邦迪创可贴曾经设计发布了一则视频广告。广告画面上，大桶的水泼在小男孩身上，但他依然竖着贴有邦迪的手指，自信地说道："不会湿哦！"这句话简单明了，给客户以直观、朴实的印象。类似的广告词还有"农夫山泉有点甜"、雀巢咖啡的"味道好极了！"都堪称经典。

在移动互联网时代，平铺直叙法不能盲目使用，必须结合产品与服务的特点。如确实能找到与众不同的亮点，就用简单直白的语言文字表达出来，可收到让客户印象深刻的良好效果。

2. 逆向思维

可以运用逆向思维法，利用出其不意的方式来对产品特点进行描述，满足客户需求。

例如，某款婴儿玩具产品，广告语是"妈妈为什么不买给我？"配上一岁婴儿满脸疑惑的表情，使这句话看上去代表了孩子的心声，增添了对客户的打动力量。

3. 新奇独特法

广告语可采用别出心裁的创意，以新内容、新角度来体现产品与众不同。设计者应善于从品牌内涵中，选择新颖而能刺激客户购买欲望的信息内容进行创意。

某连锁超市线上服务的广告为："自10月1日起，××超市将搬往你的小区。"详细广告内容则是该超市提供了线上订购、线下配送的服务，客户的直观感受是××超市宛如就在小区里。

4. 对比映衬法

通过对比，将不同事物放在一起加以展示，利用反差效果，使得品牌形象更为鲜明。

"别再羡慕别人的孩子长得高，喝××奶粉，宝贝也一样"，这样的广告利用语言含义上的前后对立比照，通过意义上的对比，代表品牌向客户给出明确承诺。

2.3 如何设计让人一眼难忘的品牌 Logo

客户看到品牌宣传时，首先映入眼帘的就是品牌 Logo。Logo 是产品的象征，好的 Logo，能给人留下深刻印象，展现独特的品牌造型，达到宣传品牌的目的。

"三只松鼠"品牌 Logo 的设计非常有特点。三只松鼠分别为鼠小贱、鼠小酷和鼠小美，以扁平化萌版设定为特征，分别代表了三种不同风格，突出了企业的动漫文化。同时，三只松鼠的肢体动作各有不同：小美张开双手，意味对每一位"主人"的拥抱和热爱；小酷则紧握拳头，代表了这家电商企业所拥有的强大团队力量；小贱则是有着向上的手势，象征团队青春活力、永不停歇。

创业者设计品牌 Logo 时，应更好地在客观条件和主观诉求之间找到平衡，更好地发挥 Logo 创意设计的有效性。

为此，应坚决履行下面 5 个原则。

1. 营销原则

品牌 Logo 是品牌内涵的外在显现。Logo 的设计要以产品特质为基础，准确传递产品信息，体现品牌的利益、价值和理念，传递企业形象。

2. 创意原则

Logo 设计必须新颖、简洁而独特,让客户一目了然、获得强烈的视觉冲击。尤其在信息爆炸时代,普通而大众化的信息,只会让人过目而忘。视觉设计必须别出心裁,确保 Logo 富有特色、个性突出,让客户产生耳目一新的感觉。

3. 设计原则

Logo 由线条、形状和色彩组合而成。企业品牌 Logo 的设计在线条和色彩的搭配上,应确保布局合理、对比鲜明、对称平衡、清晰简化、象征恰当。

平衡,需要设计者将各个要素分布妥当,令人赏心悦目,产生和谐的视觉印象。

对比,需要积极利用不同的大小、形状、密度和颜色,增强可读性,从而更加吸引客户群体的注意力。

在美术设计上,不同线条形状会传递出不同寓意,如表 2-1 所示。

表 2-1 线条形状的寓意

线条	寓意
直线	力量、男性化、果断、坚定、刚毅
曲线	柔和、女性化、丰满、优雅、美好、抒情、纤弱
水平线	安静、宽阔、理性、自然、内在感
垂直线	肃穆、激情、尊严、稳定、权力、对外感
斜线	不稳定、行动、冲动、情绪化
参差不齐的斜线	意外、突然、冲突、矛盾
螺旋线	升腾、超然、超越感
圆形	完满、简单、平衡和控制
圆球体	完满而持续、不断的运动
椭圆形	不安定、妥协感
等边三角形	稳定、永恒

4. 认知原则

图形和色彩应简洁明了、通俗易懂，符合主要客户群体的审美价值观和习惯。

设计品牌 Logo 时，不应过分追求图形的艺术性。实践证明，不少高度抽象的 Logo 忽略了可识别性，无法清楚传递品牌和产品的内涵。

5. 情感原则

能够唤起客户情绪反应的 Logo，必须具备浓郁的生命气息、强大的感染力，给人以美好享受，让人产生丰富而美好的联想。必须要确保 Logo 在客户眼中有着天然的亲近感。

2.4 做好品牌 VI 设计的 5 个因素

品牌 VI 设计，是指创业者针对自身品牌产品所进行的形象设计。品牌 VI 设计需要能较好地体现产品的相关属性和特征，还应合理使用设计技术，使得 VI 设计之后的形象能作为积极表现手段，充分传递信息，保证客户接受符合产品战略的信息。

从整体上来看，品牌 VI 设计是整个产品标识系统的设计，进行品牌 VI 设计，不能忽视产品识别属性。品牌 VI 设计还应兼顾包容性和相对清晰的边界，以便为未来品牌发展提供延伸空间。

下面是品牌 VI 设计的重要因素。

2.4.1 字体设计

品牌 VI 设计离不开字体展示。字体将广告语同 Logo 联系起来，促使客户保持兴趣、深入认识品牌内容，聚集更多需求相同的客户群体。

创业者不必套用现成字体，可以采用手绘字体。手绘字体本身具有独创性，无法被复制粘贴而重复使用。通过手绘字体的设计，赋予品牌"独家原创""自然个性"的特色，利用线条粗细、笔触材质、下笔力道和图案点缀，清楚地传递出品牌的个性。

手写字体的设计和生成，可以利用"手写字体在线生成器"加以实现，可以访问的相关网站如下。

https://izihun.com/art-edit　　字魂

http://www.diyiziti.com/shouxie　　第一字体

http://www.ziti88.com/sxzt.php　　手写字体转换器

http://font.chinaz.com/diy/shouxieziti.html　　站长字体

2.4.2　颜色设计

颜色是品牌形象中最直接醒目的元素。颜色设计主要应围绕以下两方面进行。

1. 代表色

品牌个性中最直观的元素莫过于颜色。创业者在设计品牌VI时，首先应考虑不同颜色能够带来的感知体验，然后选择品牌的主要代表色。

实践中，那些曝光量很大的品牌，甚至能做到让客户看见颜色，就能马上产生联想，例如"可口可乐红""星巴克绿"等。

表2-2列举了不同的颜色带来的不同的心理感受。

表2-2　颜色与心理感受

颜色	感受
红色	活力、激情、难忘
蓝色	自由、信任、智慧
橙色、黄色	兴奋、充满活力
白色	纯洁、安静

（续）

颜色	感受
绿色	环保、自然、生命
粉色	少女、爱情
金色	成功、成熟、高调

挑选主要颜色时，创业者应首先研究所在行业其他品牌的标志、网站配色方案，帮助自己做出决定。

2. 搭配色

选择品牌色系还应考量不同颜色能够带给客户什么样的形象感知。颜色配置需跟随主要目标群体来调整，也可根据时尚感、科技感、季节感等不同的内容情境进行变化。

某创业者生产的产品的目标客户群体主要是年轻女性。在进行VI设计时，就可以考虑使用暖色或高明度的色调。反之，另一创业者经营运动类型品牌，主要客户群体为年轻男性，其VI设计就可以考虑以冷色、暗色调来体现产品的稳重感。

创业者需要观察目标群体的性别、年龄、个性，将之作为配色设计参考的依据。

2.4.3　图文设计

为品牌形象加入生动的图案或文字元素，能提高目标群体了解产品的意愿。在进行VI设计时，不少创业者由于缺乏经验，喜欢将画面内的所有空间填满而不留空白。事实上，视觉也需要有呼吸感和节奏感，通过良好的设计，让客户能够自发找到视觉焦点，才会产生明确兴趣，进而愿意了解品牌的详细信息。

好的构图设计不能过于"贪心"，而是要突出主角与配角的差异，避免层次模糊、颜色对抗，以此来凸显想要表达的主题。

2.4.4 客户需求

无论何种产品品牌，都有所属的分类或规划。即便创业团队没有明确提出分类规划，客户也会在情感上或理性上将之归入不同类型的需求。

为此，创业者在进行VI设计时，应利用产品之间的搭配、摆放，增加图案画面的丰富性。同时，也可以利用图标展示规划，表现自身产品的分类或用途。这样做的话，客户除了能在品牌宣传中感受到美好，也能了解到创业团队对产品的用心投入与个性追求。

服饰行业的品牌可以利用搭配需求，在VI设计中展现多种搭配，满足客户需求；家居行业的品牌则可以将不同颜色、款式、大小的产品摆放在一起，展现出产品在实际生活中的形象……

这样的搭配展示法，除了可以让客户更容易选择产品之外，也比单件产品摆放更容易吸引注意、引发兴趣，让客户的需求被满足。

2.4.5 讲好故事

品牌VI设计应能讲好故事，利用创业者自身所擅长的能力，让品牌获得更为丰满的形象，得到有效加分。

如果创业者喜欢运动，则可以将运动体验和产品结合，以文字、视频、图片形式加以表达，提高和客户的互动度和亲和力。创业者若喜欢阅读、音乐、艺术、旅游，则可以将这些爱好与生活体验融入品牌VI设计中，让品牌具有足够的亲和力，拉近与客户的关系。

为品牌设计故事时，除了需要增加品牌内涵信息的丰富性，还应致力于拓展更广领域的目标群体，有效降低商业气息，提升品牌形象的好感度。

第 3 章　如何定位目标客户

目标客户是指有可能购买产品的客户。某些产品的功效单一，很容易定位目标客户；某些产品情况较为复杂，甚至使用者和购买者都不一致。这就需要电商在引流时能认真分析、准确判断，认清客户特征并加以定位，找准真正具有购买决策权的人。

3.1 如何选择细分市场

在充分了解细分市场的基础上加以选择，有助于电商企业明确何种消费者是购买其产品或服务的目标客户。通过选择细分市场，也有利于企业对新的市场机会进行分析和挖掘，同时降低引流营销成本，取得投入较少、产出较多的良好经济效益。

选择好细分市场，企业就不会满足于空泛的引流，而是会追求在更小、更垂直的细分市场中，占有较大的市场份额。

3.1.1 确定依据

任何产品的多样化市场需求都由多种因素组成，这些因素就是进行市场细分的依据。对市场进行细分，就是分解各种变量的多元化过程。

主要的确定因素如表 3-1 所示。

表 3-1　市场细分的确定因素

因素名称	内容
地理因素	气候、城市规模、交通条件等
人口因素	性别、年龄、职业、民族、收入、文化程度等
心理因素	个性、价值取向、生活方式等
行为因素	购买数量、付款方式、购买周期等

表 3-1 中不同因素所形成的细分依据，在实际引流工作中绝非是孤立被动的，而是相互交织，共同作用。

3.1.2 细分方法

企业对市场进行细分,必须注意细分方法的实用性和有效性,否则即便引流方案经过精心设计,也很难取得多少实际成效。

1. 明确市场细分的条件

什么样的市场是能够细分并取得成功的?主要包括图 3-1 中的 4 种条件。

图 3-1 细分市场的条件

有一款电商服务,针对的细分市场是广场舞人群。这一市场规模大,人数可测量,即使经过细分,也有足够的空间能帮助创业者实现利润目标。同时,这一市场内部还存在差别,跳不同舞蹈的客户群体有很大差异,面对引流策略的变动,都会做出差异性反应。

此外,广场舞市场具备可进入性。通过地面推广引流,找到广场舞领队这样的意见领袖,就能够有效影响大量的客户群体。

2. 细分市场的步骤

对市场进行细分,需要按图 3-2 所示的具体步骤进行操作。

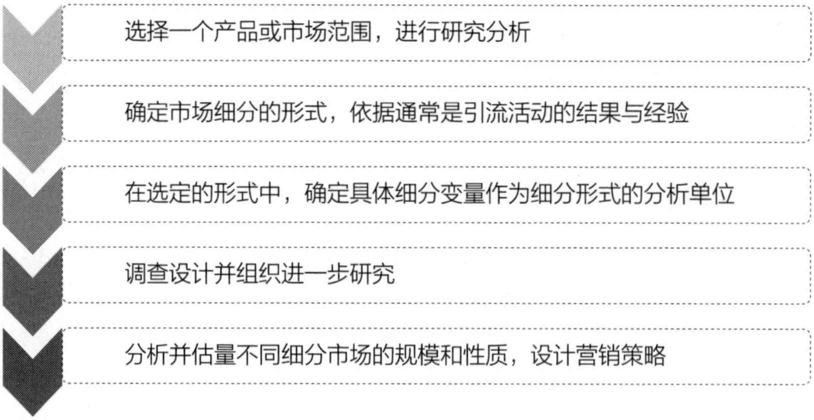

```
选择一个产品或市场范围，进行研究分析
          ↓
确定市场细分的形式，依据通常是引流活动的结果与经验
          ↓
在选定的形式中，确定具体细分变量作为细分形式的分析单位
          ↓
调查设计并组织进一步研究
          ↓
分析并估量不同细分市场的规模和性质，设计营销策略
```

图 3-2 细分市场的步骤

在具体执行上述步骤时，创业者需要注意以下问题。

1. 明确标准，选定市场范围

在确定进入何种行业、生产何种产品时，应以实际客户的需求为标准，而不是以产品本身的特性为标准。

例如，某电商推出一款生鲜果蔬套餐，从产品本身的特性来看，其特点是新鲜、绿色、低能量，但从实际客户的需求来分析，其细分市场应在减肥或健身领域。

因此，选定市场范围时，应积极了解不同客户的需求。

不同层次的客户群体，对于同一种产品的诉求重点也是不同的。引流时，企业应通过积极的相互比较，使不同客户的需求差异及时呈现。在对此加以分析的基础上，选择那些能够最快取得效益的市场细分方法。

2. 选择重要的差异需求

选择细分市场时，可以屏蔽所有客户的共同需求，重点将某一客户群体的特殊需求作为市场细分的标准，这样才能够深入客户内心，满足其具体而独特的需求。

3. 分析不同细分市场的购买力

选择细分市场,还需重点分析不同市场的购买能力。创业者不能满足于用同样的标签去描述客户,应进一步分析每种客户人群的需求与购买能力,并找到其原因。

3.2 如何确定目标客户的关键词标签

可以根据地域、性别年龄、家庭情况、学历水平、兴趣等因素来确定目标客户的关键词标签。

1. 地域

可以结合目标客户所在的地区、城市进行定向,实现按省、按城市进行引流。基于可选择的地理范围,细化到某个行政区。

例如,选择定向给深圳市南山区、重庆市江北区等标签的客户发放广告,进行有目的的引流。

2. 性别年龄

例如,将客户标签定为 18~28 岁的年轻男性,并根据其消费需求特点,进行定向引流。

3. 家庭情况

可以根据客户当前的家庭情况确定标签,如单身、新婚、育儿、已婚等。

4. 学历水平

按照产品主要对应的消费者知识结构对其进行学历水平的标签定向,主要包括硕士以上、重点本科、本科、高中和高中以下。

5. 兴趣

结合客户对不同行业领域、产品服务甚至手机 App 的兴趣，也可以进行标签分类。如表 3-2 所示。

表 3-2　兴趣标签分类法

兴趣方向	标签内容
行业领域	商业、金融、房产、汽车、教育、家居、旅游、体育、医疗、娱乐等
产品服务	商务服务、鞋帽箱包、餐饮美食、生活服务、美容服务、互联网电子等
手机 App	游戏、工具、社交、生活、娱乐等

根据产品引流的目标，选择不同标签组合种类去定义客户，就能精准触达更容易产生购买意向的人群。

6. 再营销

通过客户在线上的行为表现，对其进行标签定义，持续影响真正对产品或服务感兴趣的客户。

例如，对关注商铺、公众号的粉丝进行标签定义；对已安装 App 应用的客户加上标签；对曾经领取过产品广告或优惠卡券的客户进行标签定义等。

3.3 做好客户场景分析的5个因素

有人说"场景赋予产品以意义",场景分析对于满足客户需求有重要的价值。离开场景谈电商产品,产品就难以吸引客户。

创业者在准确定位客户角色、深度挖掘客户需求时,必须扪心自问:"客户会在何种场景下,因为何种理由,使用我的产品?"

3.3.1 时间

时间是客户使用产品的重要因素。

例如,白加黑感冒药的宣传语是:"白天吃白片,不瞌睡;晚上吃黑片,睡得香。"通过描述在不同时间内使用产品的效果体验,表达客户的不同诉求。

电商也可以借鉴这一案例,分析客户对产品形成需求的时间段。例如,"午饭之后来一颗""周末上午泡一杯"等,都是将产品和特定时间绑定,满足客户清新口气、放松身心的诉求。

此外,还可以借助特定时间点进行场景分析和定位,包括节日、纪念日、求婚日、升学日、本命年等。

3.3.2 地点

在办公室内小睡休息,是众多白领的日常体验。在这种场景下,时间因素并不是最重要的,重要的是地点。为此,销售U形枕的商户自然会选择办公场所这一地点因素来定位客户、描述场景。

能用来进行场景分析建构的地点因素还有很多,比如火车、旅行、酒店、酒桌、KTV、会议室等。创业者需要分析目标客户经常身处的场所,描绘他们在场景中潜在的需求是什么,有哪些需求没有被满足,再利用产品的特性去满足其需求。

3.3.3 人物

客户所处的场景中必然有关键人物,需要客户加以重视。如何体现这种重视,是场景分析的重点策略。

例如,面试者需要面对的面试官,准女婿初次登门时要见面的丈母娘,销售人员需要接触的陌生客户,多年不见的老校友等。

这些不同的人物,形成了客户对所处场景的关注核心。面对核心人物,客户有不同的需求。在见到老校友时,希望能回忆青春、加深往来;见面试官时,希望能够留下良好的第一印象;见丈母娘时,希望能展现自身的诚意和实力。围绕这些人物,就能开发不同的产品与服务。

3.3.4 目的和理由

在所处场景中,客户会有选择"做什么"(目的)和解释"为什么做"(理由)的冲动。

例如,很多人自拍时希望拍出来的照片更加好看,最好还能将脸上的瑕疵去除,于是就有了美颜相机的诞生。

又如,很多人担心在吃火锅时会上火,于是就有了"怕上火,喝王老吉"。在熬夜工作或娱乐时,会出现疲劳情况,就有了"累了渴了喝红牛"等广告语的诞生。

创业者需要洞察客户在不同场景中的目的,明确他们想要什么样的体验和结果,做好全面的场景分析。

3.3.5 情感

客户在不同场景中会体验到不同的情绪,不同的场景情感也会引发客户不一样的需求。

例如,孩子考上了好学校,心情很好,想要感谢老师;终于迎来了周末,想要打游戏娱乐一下;年龄大了,越来越容易感到孤独,希望有情感上的陪伴……

企业需要了解客户在何种情感体验下会产生何种需求、消费何种产品,并以此去区分和定位目标人群。总而言之,创业者本人必须真正融入和了解潜在客户,懂得他们的喜怒哀乐与真实需求。

3.4 确定目标客户族群的 5 个方法

目标客户族群,即企业提供产品和服务的对象群体。将消费群体中某类客户作为目标族群,能有效展开有针对性的引流营销工作。

初步确定目标群体的过程中,创业者必须关注整体战略方向,主要包括如图 3-3 所示的两大内容。

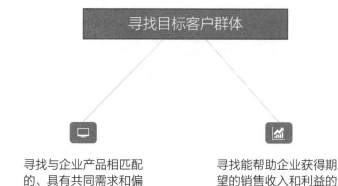

图 3-3 确定目标客户族群

客户就是创业者面对的"鱼群"。面对众多客户,创业者应借鉴钓鱼的方法。由于手头资源有限,即便面对广袤的市场,也只能做"专一"的垂钓者,即只能钟情于某种鱼类,而无法关注其他鱼类。

为此,"垂钓者"应在上述两大战略方向的指引下,重点分析以下五大问题。

1. 鱼类选择

依据何种因素才能确定客户群呢?最为准确的答案是产品。

某创业者专门开发了一款面向办公室人群的健身产品,那么"健身爱好者"就并非其客户群体,而是"为了上班而没有时间去健身房的健身爱好者"。

只有让产品特点与客户群体特点完全吻合接近,才是选择了最准确的"鱼类"。

2. 鱼群活动范围

不同鱼群有不同特征。即便是表面看似相同的人群,实际上也会因为内心体验、身处场景、家庭背景、文化程度等因素差异而有不同的需求。想明确目标客户的活动范围,就应做出详细分析,包括从性别、年龄、教育、职业、社会阶层、消费能力、兴趣爱好等方面入手。这样，就能在引流和营销上最大限度地节约成本、提高效率。

3. 鱼群爱好

重点分析并利用客户的兴趣爱好、性格特征，才能有针对性地宣传企业及其产品和服务。

利用共同爱好时，企业必须重点利用好移动互联网的社群组织，比如微信群、微信公众号、头条号、微博、贴吧、视频直播等社群，圈住有共同兴趣标签的人，确保他们能聊共同的爱好话题。这样，企业就能充分营建起安全感、归属感和信任感，让产品与服务更好地被客户群体接受和购买。

4. 鱼群的根本需求

钓鱼需要利用鱼饵，鱼饵是否"对口"，是决定鱼是否上钩的主要因素。企业在面对客户群体时，应分析他们的问题痛点集中在何处。只有设身处地站在客户的角度，了解清楚他们的烦恼，企业才能抛出有力的解决方案，为客户解决问题。

人人都会遇到问题，客户的根本需求就是解决问题。谁能更好地满足这样的需求、解决眼前的问题，谁就能吸引到目标客户族群。

5. 筛选目标客户

当企业抛下引流的"鱼饵"，引来大量潜在客户时，不可能凭借手中现有的资源全部实现成功营销。为此可以利用线上线下社群服务的方式，将潜在客户留下来，如同鱼被捞上岸后养在池塘里那样。此时，企业需要重视的是如何筛选购买意愿不强、购买能力不足的客户。

在渔民的实际操作中，小鱼都是不应被捕获的，必须等待它们长大。在渔民结渔网时，会将网眼间隙留大一些。同样，企业在筛选客户时，也应用"价格"这样的网眼，来确定客户群体。

不同的价格，对应不同的消费群体。如决定面向高收入客户群体，就应细分出客户群体中收入和阶层较高的人群，制订体现其特殊性、满足其内心需求的产品和服务方案。

创业阶段的企业不可能将同一种人群内各收入阶层的人群全部变为客户。不同收入阶层的人，消费观念存在很大差距，在实际购买行为上也会有所不同。创业者应通过分析可支配收入水平、年龄分布、地域分布和购买类似产品的支出统计，对同一类消费者群体进行初步筛选确认。

在该策略中，具体筛选做法有很对种。如图3-4、3-5所示的方法，值得优先选择使用。

图3-4 筛选与分解

图3-5 二维细分

在图 3-5 二维细分的策略中，首要关注对象是指在所有客户群体中有最高消费潜力的那部分人群，次要关注目标是指虽然很可能不会长期支持企业品牌但能为产品提供短期销售机会的人群，被影响群体则是指在客户群体内购买欲望最弱的那部分人群。

通过首要关注对象和次要关注目标人群的影响，被影响群体才会形成偶然购买，并有可能最终"升级"成为上述两种人群。

一般情况下，首要关注对象是最愿意为产品和服务买单的消费群体，他们的行为特征如表 3-3 所示。

表 3-3　首要关注对象的行为特征

行为特征	示例
经常性购买、大量购买	甜点爱好者、鲜花爱好者、酒类爱好者
刚开始有能力接触和购买同类产品	工作五年到十年之间的汽车爱好者
对产品有梦想和期待	女性对美妆产品、男性对车辆和军事模型用品
意见代表者，能够吸引追随者	早期的苹果手机忠实消费者

第 2 篇 如何打造超级流量

> 超级流量的核心特点在于其拥有的超级连接性。从线下到传统互联网,再到新零售时代的移动互联网,进化中的超级流量场形成的超级连接平台,将不同角色、产品、服务和场景连接起来,包括数据、技术、商品、服务、内容、媒介、运营等不同内容。
>
> 拥有超级流量,企业才能获得强大的裂变制造能力和定向营销能力,从而对客户群体进行精准的定位与捕获。

第4章　引流不打无准备之战

工欲善其事，必先利其器。一方面，引流对电商企业无比重要，一次好的引流，就是营销成功的开始。另一方面，移动互联网商业模式越来越成熟、消费者的注意力越来越稀缺，引流难度不断增加。

因此，引流前的准备是否成熟，很大程度上决定了引流效果的好坏。

4.1 引流前的账号准备

互联网引流必须做好有关账号准备。有了稳定可靠的账号，才能吸纳源源不断的客户流量，同时不会因为触犯规则而被平台限制。

引流账号主要包括以下几类。

4.1.1 问答类账号

问答类账号主要包括知乎、百度知道、悟空问答等各类平台。其通用的账号准备方法如下。

1. 分批次准备

每个问答平台准备两批账号，每一批在5~10个左右，根据引流需要和营销规模来确定。其中一批专门用来提问，另一批专门用来回答。

2. 使用新账号

通常情况下问答平台的管理追踪很严格，但对新注册的账号管理大都较为宽松。因此，可以使用新账号来进行提问。

在注册新账号时，要注意几点原则：

（1）同一IP电脑下，注册的新账号不能贪多，要经常更换IP。

（2）新注册的账号，客户名不要类似和接近。

（3）新账号昵称不能太敏感，例如××营销、××产品、××咨询、××推广之类，几乎可让新账号从一开始就注定进入了黑名单。

3. 使用老账号

老账号主要是用来进行回答。问答平台管理规则的共性在于等级越高的账号，其回答通过审核的概率就越大。这意味着使用高级账号去进行引流，其内容不容易被删除。可以注册账号后每天正常使用，"养"成高级账号，也可以直接购买获得老账号。

4.1.2 论坛类账号

在移动互联网的冲击下，普通论坛的热度日渐式微，但如从事专业性强的产品或服务营销，专业论坛是必不可少的引流渠道。

目前，很多论坛采用 QQ、微信、微博或手机号一键登录，同时也有传统的注册登录和邮箱登录方法，图 4-1 是注册论坛类账号的具体流程。

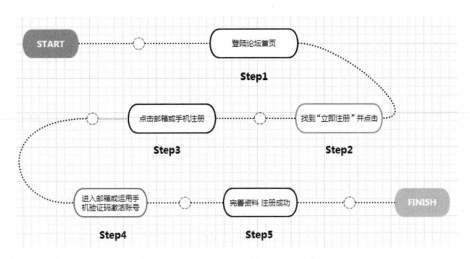

图 4-1 注册论坛类账号流程

很多论坛要求新注册的账号先到"报到区"或"新人区"发一篇帖子。不同的论坛有不同的发帖要求，如有的论坛要求一天限发一篇，有的论坛则要求账号先赚取对应积分才能发帖，因此具体发帖要根据所在论坛的操作提示进行。

4.1.3 自媒体账号

自媒体是引流的重要阵地，其账号注册的注意事项如下。

1. 根据梯队顺序注册

目前，根据影响力的不同可以将主流自媒体分为不同梯队。

一线梯队：头条号、微信公众号、百家号、搜狐号、简书、新浪博客；

二线梯队：新浪微博、知乎、企鹅号、网易号、大鱼号、一点号；

三线梯队：凤凰号、趣头条、豆瓣、东方号、新浪看点、QQ空间；

四线梯队：创业邦、虎嗅网、360自媒体、贴吧、新浪博客、京东号等。

注册账号应按照上述梯队顺序进行。这是因为一线梯队的权重比价高，百度更容易搜索并收录。随后再分别注册二线、三线、四线梯队。

2. 选择账号类型

一般而言，自媒体平台账号类型包括个人、企业、媒体和其他组织机构等。其特征如表4-1所示。

表4-1　不同自媒体平台账号的特征

账号类型	特点	优点	劣势
个人账号	适合个人注册，通常为某领域专业人士或兴趣爱好者	灵活、自由	影响力小
企业账号	适合专业公司、企业和相关品牌产品	影响力大	易产生刻板印象
媒体账号	适合正规新闻、媒体组织	权威性	不易获得
其他机构账号	适合公益、民间机构等	具有说服力	有成立门槛

创业者可以考虑先注册个人账号，拥有一定影响力后再向企业账号迁移。当然，也可以在创业之前与媒体或其他机构账号形成密切的合作关系，从而借助其力量进行引流。

3. 注册事项

注册个人账号时，可以根据所选择的自媒体平台的要求加以填写。注册企业账号则需要提供相关的营业执照和企业名称，以及账号入驻申请书等资料，详细要求在各个平台官方网站上都会提供。

创业者可以事先一次性下载不同平台关于注册账号的要求，提前准备好相应的资料，在注册时就会大大节约时间，并提高审核速度。

4.1.4 账号注册细节

细节决定成败，想要做好账号引流，不仅要确保所使用账号的数量，还要讲究方法和技巧，做好事前的细节准备。

1. 头像

选择和设置账号头像时，应站在引流的角度积极考虑，选择让客户体验感较好的图片，其主题应积极、健康、向上，比如美好的风景、可爱的婴儿、励志的文字等。也可以使用真实头像展示创业者本人充满正能量的形象，让客户产生充分的信任感。

2. 昵称

如果没有一定的创业基础，最好不要在新账号上使用"业务 + 昵称"的方式，尤其不要直接将手机号、公司名称放在昵称上，避免让对方一看就认定为营销账号。

3. 签名

任何账号的"签名"或"其他资料"都是很好的引流阵地。可以将事先准备好的引流文字填入其中，引发他人兴趣，为进一步成功引流打下基础。

4.2 引流前的硬件准备

硬件，指电商在引流时所使用的实体机器设备。引流硬件设备功能全面、性能稳定，能保证引流工作高效率顺利进行。

4.2.1 手机

智能手机是电商引流需要准备的必要硬件设备。电商起步初期的宣传推广、客户服务，都离不开手机。

1. 内存

手机内需要存储数量较多、容量较大的引流资料。其中包括高清图片、音频和视频等。因此，用于引流的智能手机应尽量选择 128GB 容量以上的型号。

引流的智能手机应尽量避免使用内存卡等设备来拓展容量。内存卡很容易降低手机速度，导致引流工作效率受到影响。

2. 像素

除了微信等社交 App，电商所使用手机最多的功能就是摄影。摄影内容的美观度除了取决于拍摄技术之外，更多取决于手机像素。引流手机的像素必须要足够高。

3. 品牌

尽量选择大品牌、具有云存储功能的手机用于引流工作。对于电商营销人员而言，手机内保存的产品资料记录以及和客户聊天的记录是非常重要的。如果过于计算成本，选择较低价格的小品牌手机配置给工作人员，一旦出现问题，所有的资料都有可能荡然无存，反而会得不偿失。

4.2.2 电脑

引流工作的开展同样离不开电脑，有一半以上的引流工作内容需要在电脑端执行。修图、修片、文件整理和传送、文案撰写、资料汇总、发布推广内容等工作都需要在电脑端完成。完成这些工作，企业需要为专门的人员配置 3000~4000 元的商务型笔记本电脑，特点应轻巧便携、支持办公，同时不支持配置较高的电脑游戏。

在电脑软件安装方面，除了主流的装机程序之外，还需要安装具有云共享功能的网盘软件，这样就能确保整个引流团队能够随时随地共享资料。

4.2.3 辅助设备

除了智能手机和笔记本电脑之外,在一些垂直领域中营销引流,还需要配备对应的辅助硬件。

1. 高清美颜摄像头

如果引流需要采取直播方式,就应为相关人员配备高清且带有美颜功能的摄像头,不仅效果清晰,还自带美颜功能。

企业不应认为"美颜"可有可无。正如同所有演员在上场前都需要化妆一样,引流人员在进行直播时,也需要将最完美的一面展示给所有喜欢自己的关注者,从而美化品牌形象。当然,如果企业的引流内容确实需要塑造真实感,也可以考虑不使用美颜摄像头。

2. 补光灯

无论在晚间直播还是拍摄照片,光线不足都会导致视觉效果模糊不清。可以考虑购买价格适当、体积小巧的补光灯,能完美解决晚间光线不足的问题。

3. 电容麦

无论是视频引流还是音频引流都离不开录音工作。例如,通过直播间引流、唱吧 App 引流,就会频繁使用麦克风进行声音形象的塑造。如果企业成本充足,可以考虑购买电容麦。由于引流人员并不是专业的歌手和主持,购买数百元的电容麦就足以满足日常工作需求,非专业人士也听不出这一级别电容麦与专业麦克风之间的效果区别。

4. 耳麦

购买手机时,通常会赠送原装耳麦。利用耳麦来进行语音沟通,比手机内部隐藏的麦克风会更加清晰。同时,由于耳麦位置在下唇,不会像用嘴对准手机底部说话时那样频繁出现喷麦的噪音。

4.3 引流前的规划与测试准备

线上引流使用最多的工具是文案、视频和音频。无论采用何种方式,企业都应提前做好规划,进行测试准备。

4.3.1 思维导图

引流团队应针对产品和服务内容做出积极布局,包括对确定引流的客户人群进行画像,针对他们做出感兴趣的内容。

可以采用思维导图形式做好规划并进行细化。这样就能让整个引流项目有序推进,避免出现零打碎敲的尴尬情形。

1. 思维导图定义

思维导图能很好地将有关引流的思考过程直观呈现,以图示的方式细化工作内容,其结构如图 4-2 所示。

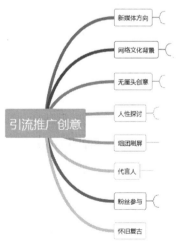

图 4-2 引流推广创意思维导图

2. 思维导图用法

思维导图可以帮助引流团队有效分析工作内容并呈现结果,其中主要功能如下。

对目标客户进行定位。结合产品特色优势,运用自我假设、头脑风暴、客户反馈调研、网商数据展示等,描绘思维导图,分析客户的痛点和情感共鸣点。

收集并呈现客户反馈。利用线上投票活动、线下调研结果、第三方调研机构意见等,描绘思维导图。

在建构思维导图时,引流团队应主要集中于两种思考逻辑,分别是横向拓展与纵向延伸。其运用方式如图 4-3 所示。

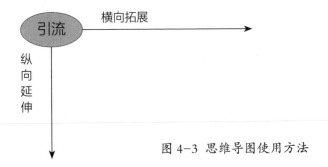

图 4-3 思维导图使用方法

在运用思维导图时,采用这样方法,能够全面整理分析思路,帮助企业找准引流路径。

3. 思维导图工具

常见的思维导图工具包括 MindManager 和 xMind,可以直接在官网下载使用。

4.3.2 方法测试

引流的方法有很多,初创电商企业团队不可能精通每一个方法,也不可能有充分的资源投入所有方法的学习中。应结合不同产品需要,针对不同目标客户的习惯,熟悉并测试引流方法。

例如，如果目标客户是上班族，习惯使用搜索引擎来了解信息，则引流者就应尽量学习关键词竞价、联盟广告等引流方法，并进行前期测试。

如果目标客户喜欢围绕特定产品进行交流讨论，则引流者就应对贴吧、论坛、QQ群、微信群营销非常精通。

如果目标客户喜欢阅读和互动，或对娱乐、社会新闻感兴趣，则引流者就应考虑学习和利用微信、微博等引流方法。

如果目标客户喜欢在线提问，则引流者就应积极学习问答营销方式，比如百度知道、搜狗问问、悟空问答、新浪爱问、知乎等。

如果目标客户是喜欢电商购物的人群，则引流者就应积极学习淘宝、天猫店铺引流方法。

4.3.3 知识准备

初创电商应努力丰富知识储备，主要有以下几个着手点。

1. 通过阅读进行学习

购买引流知识相关书籍。书本入手后，第一时间厘清整本书的目录结构，解答"这是什么书、包含了哪些内容"的问题。通常情况下，这些知识需要花费一定的时间加以深入阅读才能理解，但分析结构能最快将之变成引流团队共享的知识财富。

2. 通过网络搜索进行学习

搜索引擎是引流团队最好且免费的教师，关键在于引流者是否愿意虚心学习。日常应多搜索各种网络学习资源，比如名人博客、学习平台、公众号、论坛、群组等，将它们加入浏览器收藏夹，随时关注并学习。

例如，决定使用SEO方法进行引流，就可以关注SEO每日一贴、百度站长学院、手机站优化指南、SEOWHY这些网站。

3. 通过交流进行学习

积极参加多种专业的电商学习交流QQ群、微信群，时常在群里"冒泡"、发红包，和有经验的前辈联络关系、沟通感情。遇到问题时，可以随时请教，即便问题相当初级，也不应碍于脸面不敢提出。同时，如果有自己熟悉的知识，也应积极和群友分享，相互支持。

总之，引流的底层思维，在于释放自我价值。丰富的知识储备，就是能够吸引他人的价值。除了自己本身擅长的领域，更应不断学习。

4.4 引流平台及图文工具的选择

大部分引流工作都离不开电脑和手机，电脑和手机的高效运作，离不开各类软件、App和网络平台。

4.4.1 文字处理工具

一篇软文要发挥良好的效果，除了内容设计之外，离不开文字排版处理工作。常用的工具如下。

1. 微信文章编辑器

在百度网站上直接搜索微信文章编辑器，会发现有很多网站平台，可直接为客户提供微信文章在线编辑功能。这些网站还拥有非常丰富的行业模板，可以实现一键复制进行套用。企业的文案人员即便没有太多经验，也能通过将模板复制进入微信平台后，对文字和图片进行直接修改，实现迅速而完美的排版。

2. 在线排版工具

这一工具更为传统和简洁，通常用于直接对文档排版，或对贴吧、论坛上的软文进行排版，不提供微信文章编辑器中各类表情、图框、符号等。

只需在百度搜索框中输入"在线排版工具",即可搜索到各类免费在线排版工具。引流者可以将写好的文案复制进去,利用排版工具进行自动排版,也可以使用对应模板对文字排版进行调整。

4.4.2 图片处理软件

传统图形处理技术非常专业,但现今各类软件和App的出现让普通人运用图形处理技术成为可能。通过这些软件,企业引流团队能通过简单操作,对图片进行迅速而专业的美化处理。

图片类处理软件有很多,主要包括以下几种。

1. PS

PS即Photoshop。经过一定时间学习训练的人员能够比较合格地使用PS,达成想要的图形效果。

2. 美图秀秀

一款功能齐全的免费图形美化工具,有电脑和手机两大版本。其功能包括人像美颜处理和图片处理,也包括拼图、美颜相机等。

当然,美图秀秀最实用的功能包括剪辑、旋转、智能优化、滤镜特效、打马赛克、背景虚化、插入文字和贴纸等。熟悉这些功能,可以很好地打造出适应不同引流情形的图片。

3. PicsArt

该软件除了具备一般的优化功能外,还可以使用"正片叠底"功能,消除品牌Logo的底色,使其能够和选择搭配的图片融合,能有效避免图片融合的格格不入。

4.4.3 平台对比和选择

引流开始前,企业需要从不同角度了解各大引流平台,深入探索粉丝引流渠道和变现价值。

1. 了解平台数据

企业要想深入了解各个网站平台的访问量等数据，可以通过爱站、百度指数等工具，以及艾瑞数据、比达咨询等专业统计平台，进行实践操作和测试收集。其中重点关注内容应包括各平台的功能、运营、转化、引流等数据。

2. 分析发文限制

自媒体平台不仅能引流，还能直接变现。相对而言，网站内容平台大部分只拥有引流功能。

部分自媒体平台的发文限制如表4-2所示。

表4-2　部分自媒体平台发文限制

平台名称	发文形式	发文数量
今日头条	文字、视频、图集	每天1篇（新手），每天5篇（转正）
微信公众号	图文	每天1次（个人），每月4次（企业）
QQ公众号	文字、视频、图集	每天1篇
百家号	文字、视频、图集	每天1篇（新手）、每天3~10篇（转正）
大鱼号	文字、视频、图集	每天10篇
知乎专栏	图文	无限制
站长专栏	图文	每天5篇

3. 平台内容倾向

不同媒体平台对内容的要求不尽相同。但基本原则都是"重视原创内容"。利用平台进行引流时，应结合自身特点，提供不同的原创内容。一旦获得平台推荐，引流效果就会成倍增加。

表4-3是常见引流平台的内容倾向。

表 4-3 常见引流平台的内容倾向

平台名称	内容倾向
百度知道	实用类问题
豆瓣网	电影、读书内容
知乎	科技、经济
百度经验	实用技能
闲鱼	鞋帽服饰
新浪微博	娱乐
宝宝树	育儿

从注册要求和运营成本上看,各平台都已开通多种注册方式。企业引流团队可提前注册多个账号加以准备。

第 5 章 抖音引流：如何快速获取百万粉丝

5G 时代已经来临，随着网速再次提升，互联网短视频平台越发凸显其引流必争之地的价值。2018 年，抖音红人"七舅脑爷"销售额破千万元。2019 年，抖音新晋美妆达人"李佳琦"，在短短两个月内引流 1300 万人，将淘宝与抖音连接起来，蝉联抖音好物榜首。

抖音之战方兴未艾。在这个热到发烫、红到发紫的平台上，究竟应该如何引流？

5.1 抖音注册与资料编辑的策略

注册抖音新号,是开始引流的重要一步。新号的设置与定位,会决定未来引流之路是否足够顺利。

建立一个合格的抖音账号,需要遵循四大路径节点,必须稳妥执行、缺一不可。如图5-1所示。

图5-1 抖音建号步骤

5.1.1 取名

抖音名称,相当于对外的品牌名称。在取名时,应注意两大原则。

(1)属性。告知观众"我是谁"。

(2)功能。告知观众"我能做什么"。

抖音名称"老爸评测","老爸"回答了"我是谁","评测"介绍了"我能做什么"。"育儿女神蜜思","女神蜜思"回答了"我是谁","育儿"介绍了"我能做什么"。

有些抖音号单纯从娱乐角度出发去取名,也获得了很大成功,但其本身已经有了一定的粉丝积淀,作为创业期的电商企业不应盲目效仿。

5.1.2 设号

抖音号只有一次设定的机会,可谓"号码恒久远,一个永留存"。设定抖音号,需要遵循以下原则。

(1）简单易记，有规律。"90后"都在抱怨如今是用脑过度导致脱发的年代，没有人还有耐性去记生僻的号码。抖音号应该越短越好。

（2）与名称保持一定关联度，激发联想。例如，"年糕妈妈"的抖音号设置为："ngmmA"。

（3）抖音号应该尽量和其他平台号码保持一致。有助于形成统一品牌形象输出。

5.1.3 头像

头像相当于品牌在抖音上的Logo，其设置过程也应格外注意。

（1）简洁美观，可以用一张清晰的个人照。

（2）高专业度。如果是企业抖音号，应体现出整个团队在该行业领域的专业特点。

（3）高辨识度。不要使用网上随处可见的图片，避免在"看脸"的时代被人忽略。

5.1.4 签名

个性签名，如同对品牌的介绍，也是对抖音账号名称的补充，有以下注意事项。

（1）字数有限，简明扼要，不可啰唆重复。

（2）满足阐述"你是谁""你能干什么"的要求。

（3）不可赤裸裸地添加站外联系方式，比如微信、微博账号等。

（4）不可频繁更改，最好一步到位，不然会影响账号的权重。

5.2 抖音定位策略与技巧

建号完成后，一个基本的抖音账号基本成型。犹如建造房子，房子结构的外立面基本完成，但还需要运用包装技巧，对房子加以准确定位，吸引更多有需求的人前来参观。

此时，需要做好三方面设置，如图 5-2 所示。

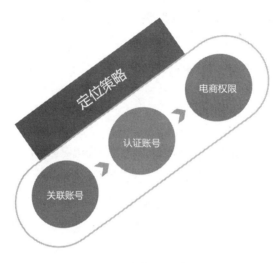

图 5-2 抖音定位策略

1. 关联账号

对所有能关联绑定的账号，全部进行绑定关联。可以关联绑定火山小视频、微博、头条号等。

绑定流程为打开抖音，设置—账号与安全—第三方账号绑定。

2. 认证账号

对可以认证的账号全部进行认证。无论是认证个人账号还是企业账号，只要有可能实名认证都应完成。认证如同获得了官方认可，不认证则会受到诸多限制，不利于对抖音账号权重的提升。

认证流程为打开抖音，设置—账号与安全—实名认证、申请官方认证等。

在进行个人认证时，一个手机号或身份证，只能绑定一个抖音号。否则很可能会影响账号的平台权重，降低流量分发的效率。

3. 权限申请

尽量申请更多电商功能权限。

拥有视频电商功能后，在短视频中发布广告，就不会收到抖音官方平台的广告限流通告。如果拥有直播电商功能，就可以在直播中发布广告，还可以设置视频置顶功能。

最基本的权限是商品分享功能，其申请方法如下。

打开抖音，找到"设置"中的"商品分享"功能。当抖音号粉丝量≥0，发布视频量≥10，并完成了实名认证时，就可以申请这一功能。

开通商品分享功能权限，能更好地定位电商角色。有助于让抖音判定该账号由正常、真实、可靠的客户持有。同时，也有助于抖音对账号权重的评定，降低账号风险。

5.3 抖音客户锁定策略

凡事预则立，不预则废。抖音引流如同开车旅行。在上高速之前，设定好目的地，才能按照正确的行驶路线抵达美丽的目的地。

对客户的定位，如同驾驶之前设置目标方向。如果没有定位，抖音号内容再丰富、点赞和转发量再大，也难以充分实现预想的引流效果。

抖音客户定位策略主要如图 5-3 所示。

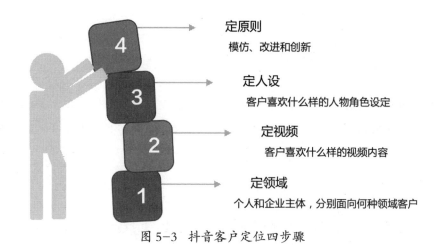

图 5-3 抖音客户定位四步骤

5.3.1 定领域

引流应朝向何种领域内的客户群体？具体可分为个人和企业两部分。

1. 个人

结合自身，思考客户群体会喜欢哪些内容特点。

（1）思考"我有什么"。是否有俊美的外表、迷人的身材，还是有乡村的生活、美丽的风光。如果有，就进行积极输出。

（2）思考"我会什么"。结合现有的职业、才艺、爱好，判定哪些客户将通过抖音看见自己。

例如，擅长化妆，就应将客户定位为20~35岁的年轻爱美女性；擅长书法，就应将客户定位为30~60岁的知识男性；懂茶道，就应将客户定位在商场成功的男性群体中。

（3）思考"我可以传播吗"。分析哪些客户会热衷于传播你的内容，他们是否有这种能力，将抖音视频中的个人形象和能力加以传播。

经过这些思考，就能准确定位个人客户群。

2. 企业

企业的定位比较容易，主要结合企业经营的产品和提供的服务来选择客户群体，将他们定位为抖音作品的主力观众。

亲子母婴类产品，就要寻找育儿期的女性客户。
服装美妆产品，就要寻找年轻的职场女性客户。

无论个人还是企业，都应遵循这一逻辑去定位客户：通过短视频内容，能够给何种人群带去何种价值。

5.3.2 定视频

输出何种视频内容，才能帮创业者锁定客户？同样，面对特定目标人群，又应该以何种视频内容来吸引他们？

一般而言，抖音视频内容包括图文视频、动漫卡通、真人出镜、音乐风景和字幕翻转类，选择原则包括以下两点。

1. 多做平台鼓励的内容

抖音的宣传口号是"记录美好生活"，美好生活理应围绕真实的人物展开。

从抖音官方平台的管理策略来看，目前真人出镜类内容权重最高。因此，围绕客户需要，打造真人角色拍摄的内容是最为明智的选择。如果采取多人、多场景出镜，就会有更好的效果。

相比而言，其他视频内容已经开始受到官方限制，缺乏引流价值。

2. 研究竞争者

创业者可以通过搜索观察竞争者的账号，分析其视频形式、互动率、粉丝数等，从而了解生产视频内容的主要方向。

5.3.3 定人设

抖音账号品牌名气再大,如果缺乏"人设",依然会显得冷冰冰而缺乏温度。为了更好地提高品牌认知和黏性,就需要为抖音账号设定"人"的感性温度,用标签与客户形成密切联系,提高认知度和信任度。

创业者应努力从两方面思考:我最好的人物设定是什么样的,适合哪些客户?哪些客户愿意和我这样的人物设定成为朋友,并最终产生消费行为?

有两个抖音号,"变帅穿搭指南"和"AM杆司令",其产品和服务都属于"穿搭"领域。前者的大部分视频没有真人出镜,也没有人物形象设定;后者有专门的角色,其名字就叫"司令"。两个账号相互比较,显然后者更容易吸引并留住观众,让他们变成自己的客户。

人们更愿意相信真人,更容易喜欢真人。他们通过点赞、评论和真实角色产生连接、信任,最终在真人这里购买产品。

5.3.4 定原则

想要牢固锁定客户,就应确定好抖音账号的运营原则:模仿、改进和创新。

抖音账号的运营团队必须充分了解产品所在领域,随时模仿最火的视频内容,结合自身内容属性,在模仿的基础上进行改进,最终形成创新能力。保持正确的模仿、改进节奏,就能始终处于行业前端,不断用新颖的内容和形式留住客户。

5.4 抖音的运营策略与技巧

抖音与传统的自媒体引流平台有所不同。在日常运营管理账号内容的过程中，要通过多种形式提升影响力。

5.4.1 养号

"养号"是指将影响力和权重比较小的新抖音号，通过规则允许的操作，提升为影响力和权重较大的成熟抖音号。

1. 基本操作

在发布第一个抖音作品之前，需要完成以下几个操作步骤。

（1）每天花 1 小时左右，使用抖音，正常观看他人视频作品。

（2）遇到喜欢的即可点赞，每天保持。

（3）对有共鸣的作品，进行评论、转发和下载，每天保持。

2. 养号周期

连续进行上述操作一两周左右，新抖音号就成为初步成熟的可引流号。

3. 养号目的

通过一定周期内的操作，抖音官方平台就会判定该号为真实普通客户所持有的号，排除其为营销账号的风险。同时，还能提高账号在系统中占据的权重地位。

5.4.2 内容方向

抖音最欣赏的视频内容，基本上就是触达客户最多的内容，一切以内容为王。这决定了创业者必须先用内容去征服观众，平台才会帮助他们用内容引流。

好的抖音内容有三大方向，如图5-4所示。

图5-4 好的抖音内容的方向

1. 好看

视频画面清晰美观，人物帅气美丽，风景优美如画……所有能提升客户视觉体验舒适程度的内容，都可称为好看。

最简单衡量"好看"的方法，就是引流者和身边亲友的体验。如果自己或者周围人都没有感到好看，那么抖音客户也不会欣赏这样的作品。

目前，抖音视频清晰标准为1080*1920分辨率，帧数为25帧或30帧。市面上的主流手机摄像基本都能满足这一要求。值得注意的是，在视频传输的过程中，切忌使用微信或QQ进行传输，必须使用数据线或云盘、邮箱，否则会由于压缩而影响视频清晰度。

2. 好玩

好看的皮囊千篇一律，有趣的灵魂万里挑一。只有好看，很难长时间吸引客户，更难以直接打动高层次客户，但好玩就不同了。

好玩，可以理解成"新、奇、特"三点。"新"，即观众没有见过；"奇"，即好奇心；"特"，即与众不同。

当视频让客户群体产生上述体验，引发他们的情绪波动，就能产生足够的吸引力。

3. 好用

只有好看好玩是不够的，在现实社会中，人人最终都要面对柴米油盐。"好用"

的视频之所以能吸引人们，在于其视频内容带来了知识的填充、专业技巧的提升和认知上的升华。如果能做到这些，观众就会被吸引，转而变为客户。

视频内容策划必须面向观众，如同一次成功的相亲。"好看"是第一印象，"好玩"决定对方愿不愿意交往，"好用"则决定能否一辈子白头偕老回归家庭生活。

5.4.3 内容运营技巧

掌握一定的内容运营技巧，便能轻松打造出爆款的视频内容，让抖音账号频繁出现在热门榜单上。

如何运营视频内容？如图5-5所示。

图5-5 抖音内容运营技巧

1. 遵循RHP内容形态

RHP内容形态是持续、合理、健康输出视频内容的重要技巧。

R（Routine）是指常规性内容，即任何账号想要引流成功，都要做好长期性、常规性的内容，保持明确的方向。

账号名为"美食故事"的抖音号的常规内容就是持续输出美食背后的故事，不能今天娱乐、明天舞蹈、后天育儿、偶尔美食。运用常规性内容技巧，就要"强迫"自己专注于垂直单一的内容领域，保持类似内容的持续输出。

H（Hotspot）是指热点性内容。好的抖音账号，除了进行常规性内容输出之外，还必须学会积极运用热点，选择平台的热点内容进行创作。

打造热点型内容，有以下三大步骤。

（1）运用平台本身榜单，如"热搜榜""热搜话题榜""热搜视频榜"等。

（2）关注平台之外的热点话题，如"百度热搜""微博热搜"等。

（3）针对热点话题，结合本账号的垂直内容，进行相互融入创作。

P（Product）指产品方面的内容。抖音引流团队应学会不定期更新与产品有关的视频，引导客户去看见产品、认识产品、理解产品，最终爱上产品。以此培养客户，为后期产品的转化着手准备。

在任何领域的内容生产中，都不能赤裸裸地推广产品。一些引流新手甚至直接将抖音当成朋友圈，无论销售任何产品，都一股脑搬到抖音，视频里充斥着面膜、衣服、口号等。这样的账号距离被抖音官方平台舍弃只有一步之遥。相比之下，将产品有关的知识信息融入视频故事内容中，才是正确的做法。

2. 降低客户成本

降低客户成本主要包含三方面，分别是聚焦、理解、互动。

（1）降低聚焦成本。一个抖音作品只能表达一个核心信息点，让观众能聚焦到内容本身上，避免因为观点不明而受到误导。

（2）降低理解成本。并不是每个客户都具有敏锐的理解力。为此，制作内容时应立意明确、表达清晰简单，减少客户用于理解视频的精力消耗，确保他们在最短时间内能看懂。不要误入"高深""艺术"的歧途而自我陶醉。

（3）降低互动传播。只有互动，才有传播。抖音作品不仅要能吸引客户加入互动，还要为他们提供和他人互动的机会。例如，上传舞蹈作品，动作应简单、容易模仿、时尚感和运动感强。这样，客户自己加入互动后，还会进行传播，帮助账号获得更多流量。

3. 坚持脚本"三精"的原则

脚本是视频内容的依托。编写脚本有三大原则，分别是"精简""精辟""精美"。

（1）精简。不要有多余的对话、镜头、场景、人物，一切以简练为主。越是少的，往往越是好的。

（2）精辟。关键台词要经过层层提炼，要在视频的开头或者结尾，用最短的话语将主题思想表达清楚。

（3）精美。视频内容不仅应精简，还要追求视觉上的美好，用适当留白和巧妙搭配营造出精美感。

5.5 抖音内容生产的策略与技巧

用手机摄影人人都会，但要将摄影内容用于抖音平台引流，则需要花费一定时间进行学习。掌握正确的拍摄策略与技巧，才能达到预设目标。

5.5.1 视频拍摄和剪辑

抖音视频并非电影作品。"记录美好生活"的用意，不在超凡脱俗，而是广接地气，让所有普通人都能以最简单的方式，通过手机拍摄短视频来体现生活美好的瞬间。这决定了抖音视频拍摄并不需要昂贵的成本。

1. 硬件

通常情况下，齐全的拍摄硬件包括以下几项。

一台手机或单反相机。

稳定器。

补光灯。

三脚架。

这些就能够完成常规拍摄了。当然，如果拍摄类似"陈翔六点半"或者"毒角SHOW"这样的剧情账号，那么就需要安排更多的机位进行拍摄。

2. 软件

视频拍摄完成后，需要利用软件进行剪辑。常用的视频剪辑软件有会声会影、爱剪辑、传影、爱美刻、AE、Pr 等。

具体选择何种软件，要根据视频内容的方向和作用而定。如果只是普通剪辑、添加字幕，一般的手机软件就可以做到。实际上很多抖音账号运营者并没有学过专业的剪辑软件，依靠手机一键剪辑，方法简便、效率高，也同样能取得良好的效果。

5.5.2 内容生产团队

电商抖音引流内容的生产通常不是一个人能完成的，必然有团队负责。那么，内容生产团队应该如何配置呢？可以将团队配置分为三个等级进行选择。

（1）高等级。从内容运营，到化妆、拍摄、后期等，每个岗位都有明确的人员分工。

（2）中等级。一个人兼任多个岗位，在不同环节上负责不同工作。

（3）低等级。一两个人就能负责全部的抖音内容生产。

5.5.3 内容后期制作

所有的抖音视频内容，在进入后期制作环节时，必须要遵循以下三大原则。

1. 30~40 秒定律

每个视频的长度，经过后期剪辑制作以后，需要尽量控制在 30 到 40 秒。如果可以在更短时间内完成剧情或释放观点，就应压缩到更短。

需要注意，视频最短也不能短于 7 秒钟，否则观众还没反应过来就已经结束，很难吸引观众进行关注。

如果视频必须长于 40 秒，就要设置充分的"包袱"，不断点燃观众的关注兴趣。或者从一开始就用悬念感推动观众跟随视频推进直到结束。如果团队无法生产类似内容，长视频必然会影响视频完播率，从而影响视频进入下一个流量池。

2. 3~5秒定律

视频内容的成败，关键取决于视频前3~5秒。如果最开始没有成功引起观众的兴趣，观众就会瞬间滑屏，让视频和品牌一起从眼前消失。

引流视频前3~5秒钟必须要设计精彩内容来留住观众，可以是幽默搞笑的，可以是带有悬念的，也可以是反常规形象，等等。

3. 设置火花定律

客户在海量的抖音视频中认识你并看完视频，引流才只成功了一半。视频末尾，引流者必须设置有效的"火花"。

"火花"是能够让客户去记住、去互动、去思考的关键性内容。例如，设置"这个观点你认同吗""你能做到吗""学会了吗""你有这样的经历吗"等结尾提问。

上述三大技巧，都是为了让视频内容更好地引发客户的行为动作，包括完播、点赞、转发、评论等。在接收视频的过程中，客户的相关动作越多，视频就能获得越多的流量。

5.6 抖音账号如何"涨粉"更火爆

著名的波普艺术领袖安迪·沃霍尔曾说："未来，每个人都有15分钟成名的机会。"

这句话曾经被反复引用，直到老先生去世的1987年，移动互联网世界还未到来。但他的预言堪称伟大，今天，利用抖音这样的软件，每个人都有15秒钟成名的机会。

为了让成名的时间更长、范围更大，引流者就需要学习"涨粉"的技巧，主要包括图5-6中的四个维度。

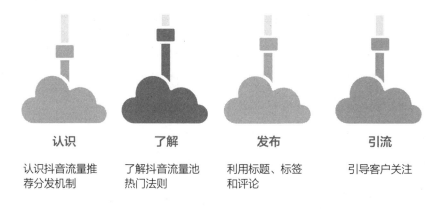

图 5-6 抖音"涨粉"技巧

5.6.1 认识

认识才能了解。选择抖音平台来获取流量和客户的前提就是准确利用平台规则。抖音平台究竟是如何向不同客户推荐不同视频内容的呢？

1. 根据客户兴趣进行推荐

当客户注册时，抖音平台会给他们提供多种标签进行自主选择。例如，当客户选择"美食""音乐"之后，抖音平台就会在内容流量分发推荐时，向他们推荐相关的视频内容。

2. 根据客户行为进行推荐

什么是客户行为？当他们刷抖音时，在某类型视频上停留更长时间，或者进行点赞、评论和转发，平台就会将这些行为记录下来并打上标签。随后，平台将根据每个人的行为特征，推荐他们喜爱的视频。

客户喜欢什么，抖音平台就会给他们推荐什么。这也是抖音之所以能够在自媒体平台上迅速崛起的法宝。想要在抖音平台上迅速积累"粉丝"，必须要对此有充分的认识。

5.6.2 了解

在内容生产者发布视频后,抖音又是怎样将之推荐给客户的?虽然抖音从未公开公布过推荐体系,但实践经验证明,其流程基本如图5-7所示。

图5-7 抖音推荐流程

(1)系统对视频画面、标签进行检测,判定是否有违规情况。

(2)系统查重,判定是否有抄袭嫌疑。

(3)上述两步骤通过,系统给予数百客户的流量池,分发给这些客户观看视频。

(4)根据客户反馈如点赞、评论、转发、完播、关注等行为,决定是否给予更大(上万客户)流量池。

(5)进行人工审核。

(6)如果人工审核通过,则会给予数十万乃至上百万的流量池。

当抖音作品走到第六步时,登上抖音热门、迅速收获大量粉丝的目标就已近在眼前了。

5.6.3 发布

正确地发布视频作品,能大大提高登上热门的可能。发布视频应遵循以下三个原则。

1. 利用标题、标签

标题、标签是作品的名称,也是吸引客户的重要内容。

(1)标题需要对视频内容加以概述,并全面补充。尤其是当视频时间有限,阐述的观点不能让客户形成有效的记忆时,更应利用标题来进行说明与补充。

(2)标题需要引发互动和共鸣。标题可以通过文字引发客户的行动,如"你觉得对吗""你有这样的经历吗""你有什么想说的",提高视频互动率,让视频迈向更高流量池。

(3)标题应便于机器人进行推荐。设置人名、地名、歌名、电影名等有内容、有话题、有热度的标签,让系统机器人能够轻易抓取并有针对性进行推荐,在垂直领域的特定客户人群中获得更大曝光。

实际上,无论何种设置标题和标签的方法,目的都在于直接或间接引发客户对视频的兴趣,让他们做出正向反馈。

2. 使用"#"和"@"

(1)"#"即插入合适话题,让视频内容能够参与到平台常用的话题板块中,提高视频曝光的机会。使用"#"的原则是一切围绕平台主题内容展开。如果视频内容与平台主题有关系,就可以"#"话题,如果没有,就不要强行蹭热度。

(2)"@"是在发布作品时,@抖音小助手或者其他账号。使用@的原则,在于强化账号互动,提升账号之间的关联,为引流后的账号矩阵建设做足准备。

3. 内容发布时间

选择最佳的内容发布时间可以为账号带来更多关注。下面是发布抖音作品的几个最佳时间点。

(1)上午7点~8点。

(2)中午12点~13点。

(3)16点以后。

(4)20点左右。

选择这四个时间点，是因为从目前抖音流量数据和客户习惯来看，这些时间点是抖音流量的高峰期。如果同一个账号能在这些时间点保持内容输出，就能获取更多粉丝。

值得注意的是，不同属性的账号应结合客户生活规律，侧重于不同时间段。例如，如果客户群体偏向于年轻职场人士，则可以集中在中午时间进行内容输出；如果客户群体偏向于老年人群，则可以集中在上午时间输出。

5.6.4 引流

成功编辑和发布视频后，怎样用内容引导客户成为粉丝呢？

1. 打动客户

结合"好看""好玩""好用"三大内容原则，以视频内容中富含的情感因素融入其中任何一点，以便打动客户。客户就会对账号品牌产生依赖和感情，利用碎片化时间随时翻出来看一看。

2. 产生行为

当客户愿意随时翻看你的抖音内容后，他们就会陆续点赞、评论、转发、下载。在内容的鼓励下，他们还将进一步点击账号主页，了解这个账号是否能给他们提供想要的东西。

为了加快上述转变，需要视频内容保持垂直度、持续性、专业度和价值感，不断给客户提供满足感，他们会快速成为忠实粉丝。

5.7 抖音上热门疯狂引流的策略

不上热门的抖音作品，很难实现疯狂引流的野心。为了上热门，下面这些招式必须熟练使用。

5.7.1 分析数据

分析数据，了解他人在用什么样的视频内容引流，可以为创业者节约大量的时间和精力，尽快使作品进入热门榜单。

目前，抖音账号主要的数据分析工具包括飞瓜数据、抖大大、抖音指数等。以飞瓜数据为例，对同行业竞品数据分析判断，可以采用以下步骤。

（1）关注"飞瓜数据"公众号。

（2）点击"抖音热门"。

（3）点击"排行榜"。

（4）选择具体类目，可以看到"日榜""周榜"和"月榜"指数。

（5）选择排名靠前的账号，了解其粉丝数、总点赞、总评论、总分享情况。

（6）了解粉丝客户的基本画像，如客户性别比例、所在区域、出生日期等。

（7）观看学习该账号之前发布的视频。需要注意的是，微信是无法打开视频的，必须要将链接复制到抖音平台才能播放学习。

5.7.2 借力"Dou+"广告

抖音引流的方式，借用网络游戏语言，分为"肝"和"氪"。

"肝"就是利用时间和精力的投入，"媳妇熬成婆"，全心全力持续输出优质内容，依靠内容来获得客户认知。实际上，成功的抖音引流账号，都需要"肝"来走上热门、完成蜕变。

相比"肝"的辛苦，"氪"就是通过商业付费来获取流量客户，需要开通Dou+推广这一功能。目前，越来越多具有一定实力的电商企业、影视公司、成熟品牌，开始布局抖音。这些企业并不愿意按部就班地持续输出内容，而是想通过砸钱来迅速获取流量、冲上热门。

引流初始，"肝"是最主要的方式，但"氪"的打法也不能不熟悉。如何投放

DOU+ 功能，主要包括五个方面。

1. 熟悉 DOU+

即抖音平台的视频付费推广功能。创作者花钱去买流量、进入热榜，让更多人关注自己。

2. DOU+ 入口

打开已经发布的视频，点击页面右上角"…"找到 DOU+ 的标志入口。点击"DOU+ 上热门"，即可进入设置推广细节。

3. 投放形式

DOU+ 的投放形式多种多样，引流者应结合不同账号和内容特点，进行自主选择。

（1）系统自动投放。广泛投放，不设定具体标签，将一切投放事宜都交给平台。这一投放形式适合老少皆宜的泛娱乐领域视频内容，如果是聚焦于产品或垂直领域客户的视频内容则难以见效。

（2）自定义定向投放。可以根据客户的性别、年龄、地域等标签，有选择、有目标地进行精准投放。

性别投放，可以选择性别不限或者单选男女；

年龄投放，可以选择年龄不限或 18~23 岁、24~40 岁、40 岁以上等；

地域投放，可以选择全国、省市、区县、商圈或者附近（只能单选）。

需要注意的是，"附近"投放选择对有实体店的电商企业比较实用。例如，某家线下品牌美妆店在运营抖音账号时，就可以将本店店铺所在位置作为中心，设置 6 公里、8 公里、10 公里、12 公里、15 公里为投放半径，进行精准地域人群的投放。

（3）达人相似粉丝投放。根据抖音账号的粉丝数量或者所在垂直领域，投放到竞品账号所涵盖的粉丝群中，每次最多能选择 10 个账号进行相似粉丝投放。例如，可以在"音乐"领域筛选 10 个竞品账号进行广告投放。

4. 投放价格

目前而言，DOU+ 的投放价格并不算太贵。平均一个客户触达只需要 0.02 元的成本，即便是与传统广告相比价格也算合理，如果和淘宝直通车这样的付费引流工具相比，则显得便宜许多。

5. 投放局限性

虽然 DOU+ 的价格目前较为合理，但这一功能并非"万能"。DOU+ 只负责触达，即将视频内容推送到观众的手机中，解决他们是否能看到你的问题。然而，观众在看到视频之后，能否产生感情并愿意和品牌牵手，依然取决于视频本身的吸引力。

5.8 如何通过抖音打造品牌知名度

任何新媒体平台上，只要其客户群体和品牌目标客户有一定的重合度，就会带来足够的流量。平台就会因此成为品牌知名度的新战场。

在抖音平台已经获得初步成功的企业品牌，可谓第一批吃螃蟹的。其凭借已有粉丝资源，在这里获得大量客户的关注，随着品牌的曝光率、知名度不断扩大，产品销量也在不断增长。

如何紧跟成功者步伐，在新的竞争阶段，利用抖音打造品牌知名度？

5.8.1 明确方向

无论是团队还是个人，在加入抖音之前都要花费时间去思考如何运营抖音内容才是适合品牌的、何种品牌调性能够吸引更多客户。明确品牌方向之后，才能开始发展。

2018年下半年，抖音上的很多视频作品中，都会加上一个硕大的Supreme的水印视频。许多客户最初并不理解这些视频为什么都会加上Supreme。还没等人们反应过来，这个水印又迅速蔓延到更多平台上。

Supreme于1994年秋季诞生于美国纽约曼哈顿，是一家结合了滑板和嘻哈文化的美国街头服饰品牌。这一品牌虽然在美国具有二十多年的历史，但近年来才开始在国内产生影响，正版产品的销售量不温不火，山寨版却在网络上层出不穷。Supreme想要真正打开中国市场，就只能将销售方向确定为普通年轻人。其策略是，在抖音这个泛年轻化的平台上，将品牌影响力扩大，再影响到其他平台。

从抖音上Supreme品牌的引流情况来看，其确实获得了阶段性成功。#Supreme#的相关话题在抖音上的播放量已突破2.5亿，#万物皆可Supreme#也有1.3亿播放量，相关话题累计播放量更是达到了60亿。获得这样的成功，在于该企业准确把握了产品销售方向，利用走红的土味广场舞文化，结合美国的街头品牌文化，形成了别具一格的影响力。

5.8.2 参加展示

目前，抖音为企业品牌提供多种展示方式，以观看体验、社交体验、互动体验为区分，包括了开屏广告、视频流广告、发起挑战、品牌官方账号等。其中，最常见、最实用的展示方式是原生信息流广告和挑战赛两种。

1. 原生信息流广告

该展示方式属于观看体验类，即直接发布产品广告。客户点击视频后，会直接跳转落地页和品牌主页。此外，客户也可以直接参与到广告的点赞、评论和转发上。

2018年，哈尔滨啤酒、雪佛兰、Airbnb等企业都采取了这样的展示方式扩大品牌在抖音上的影响力。这一品牌展示方式需要较高的成本，对于普通的创业电商而言并非其最好的选择。

2. 挑战赛

挑战赛是对抖音站内资源的整合打通，是企业同抖音合作的成熟模式，其中包括了定制挑战、核心入口展示、达人互动、定制贴纸、音乐入库等。抖音曾经为必胜客深度定制挑战赛视频，最大限度地宣传了其新品。随后，汉堡王、海底捞、Airbnb、Michael Kors 等企业也参与其中。

选择挑战赛，能展现服务与产品结合的消费场景，让客户深度参与其中，并通过视频内容呈现出来进行传播，从而吸引更多目标群体进行消费，引发跟风传播。

5.8.3 企业蓝 V 号

在线下，很多人可能都未听过"单色舞蹈培训机构"，但这家企业曾经是抖音第一蓝 V 大号，手握将近 300 万粉丝，总播放量超过 3.5 亿，获得 800 多万点赞。该企业的抖音账号只专注于一个内容：零基础教舞蹈。

类似的案例还有正善牛肉哥、绘本装修价、米兰新娘婚纱摄影等账号。相比之下，在抖音企业蓝 V 号中，IT、互联网、手机应用这些新兴行业企业最早开始拥抱短视频引流运营，但其发布内容的效果并没有超过"单色舞蹈培训机构"这样的中小企业。

抖音蓝 V 和微博大 V 的引流情形不同，并非大牌就必然称霸。即便是中小企业，善于利用抖音蓝 V 规则，也能引发品牌的连锁传播效应。

1. 申请蓝 V

申请抖音蓝 V 认证的流程如下。

（1）申请条件。

已拥有抖音账号，且账号信息（头像、客户名、签名）符合企业认证信息；

提交账号信息对应的企业主体营业执照彩色扫描件；提交认证公函加盖公章的彩色扫描件；还可以提供网站 ICP 备案查询截图、商标注册证扫描件、软件著作权证扫描件、其他品牌授权文件扫描件。

（2）认证过程。

企业蓝 V 认证标准按照《抖音"企业认证"审核标准详解》进行。在企业提交认证资质后，审核机构在2个工作日内完成审核。如审核通过，会在2个工作日内开通认证。如审核未通过，则需企业修改或重新提交材料。

（3）认证期限。

目前，抖音企业蓝V的认证有效期是一年。到期之后如果需要继续使用，就应再次进行申请认证。

2. 运用蓝V

短视频平台与直播平台不同。短视频可以提供丰富的内容空间，而直播往往更依赖"无聊"产生的注意力。抖音企业蓝V主打短视频内容，更值得品牌方投入成本积极卡位。

（1）业务卡位。

从现有情况来看，提供特定产品和服务的企业，在运营抖音蓝V时拥有天然优势，比如美食、家居、舞蹈、旅游、文化、英语、婚纱摄影、健身、音乐、装修建筑等领域的企业。

（2）兴趣卡位。

蓝V运营成功的企业，都会从客户视角去看待自身内容，努力围绕客户兴趣形成去中心化的卡位。一般而言，客户喜欢美女、帅哥、萌宠等能够引起视觉审美体验的出镜者。这些出镜者不需要是明星达人，但需要超过普通人的日常审美体验。

客户也喜欢反转的剧情。想要让企业品牌被记住，就要在十几秒的短视频中制造足够的冲突，让剧情充分反转，令人意想不到。

此外，BGM（配乐）也非常重要，许多蓝V喜欢用自己制作的音乐，事实上不如更多考虑运用全网流行的音乐，这才是客户更加容易接受和喜爱的，也更能令客户在其他场合联想到产品品牌。

（3）模式卡位。

品牌引爆的模式有两种，分别是中心式和网状式。中心式需要一对多推送，但难以直接引发客户有效的裂变。网状式能够实现多层次的传播，产生更多的自创内容，为此，在最初的内容中品牌植入就要非常隐蔽而巧妙。

对于大部分蓝 V 品牌而言，由于粉丝基础较少，就要更懂得如何利用抖音，促成网状式传播模式。

5.9 抖音快速引流的方法

利用抖音快速引流，能为运营团队尽快带来收入，提升创业信心，带动他们的积极性。

5.9.1 产品引流

抖音利用产品进行精准引流，涉及三大电商功能权限，分别是：个人主页商品橱窗、视频电商和直播电商。

1. 个人主页商品橱窗

抖音个人主页商品橱窗如图 5-8 所示。

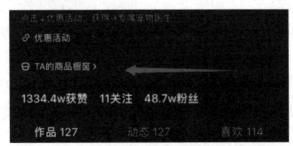

图 5-8 抖音商品橱窗

开通商品橱窗和购物车功能，将抖音与淘宝店铺连接，以抖音视频的流量来推动淘宝店铺销量的增长。即便没有淘宝店铺，你也可以在抖音官方的今日头条公平台上申请开店。

下面是开通商品橱窗的方法。

（1）申请入口。

点击抖音 App—点击"我"—点击右上角"…"—点击"设置"—点击"商品分享功能"。

（2）申请条件。

粉丝数量≥0，发布视频数≥10，完成实名认证。

（3）新手任务。

在商品橱窗开通之后，需要完成新手任务（10天内至少添加10件商品至商品橱窗中）。这样就能永久获得橱窗使用的权限。如果没有完成新手任务，权限就会被收回。

向橱窗添加商品的流程是：点击"商品橱窗"—进入"电商工具箱"—点击"商品橱窗管理"—点击"点击商品"—选择"精选商品"或者"淘宝商品"—编辑商品—添加商品标签—发布。

2. 视频电商

（1）展示形式。

视频电商购物车包含两种展示形式。

视频播放页入口展示。在不少视频的左下角，能看到视频购物车标志，点击之后就会进入商品展示页面。客户很容易看到这个标志并予以关注。

另一种是视频评论区入口展示。在部分视频的评论区最顶端，也能看到"视频购物车"标志，点击进入就能看到商品的链接。

通过这两大入口，视频就能直接将客户流导入电商的产品页面中。

（2）开通方式。

开通视频电商权限的流程是打开个人商品橱窗—点击"电商工具箱"—点击"更多权益"—点击"视频电商立即解锁"。

在解锁之后，也需要完成解锁任务，即15天内发布符合规则的商品视频数≥2条，且视频内容和推荐的商品具有明确相关性并通过审核。如果推荐的商品和视频内容不相关，就会被系统移除。如果没有在规定时间内完成任务，功能权限就会被收回。

（3）添加流程

开通"视频购物车"权限之后，就可以在视频发布页直接添加商品。添加流程是拍摄并进入发布页面—选择"添加商品"—选择"商品来源"—编辑商品标题—选择三种标签"默认""推荐""上新"（三选一）—添加商品标签——发布。

3. 直播电商

（1）展示形式。

直播电商，即抖音达人在直播间内可以直接展示视频购物车按钮。通过该按钮，粉丝就能直接在直播间内点击购物车，进入商品展示页面，进行购买。

（2）开通方式。

开通直播电商功能的条件并不高，只要能够解锁"视频电商功能"并拥有了直播权限，同时粉丝数量≥3000，系统就能自动为账号开通直播电商功能。

（3）添加流程。

只需要在个人主页"我的商品橱窗"中添加商品，橱窗内的所有商品都会自动同步到直播购物车中，不需要再另外单独添加商品。

5.9.2 店铺引流

抖音不仅能将流量向具体的产品引导，也能将之向店铺引导。具体可以分为以下几种情形。

1. 淘宝店引流

如果创业者已经有淘宝店和货源，可以将抖音流量向淘宝引入。具体流程如下。

（1）绑定抖音号与淘宝号。

点击个人主页"商品橱窗"—点击右上角"电商工具箱"—"淘宝账号绑定"。

（2）开通淘宝客功能。

开通淘宝客功能后，给商品设置佣金。24小时后，佣金生效，可以通过淘口令方式，将淘宝店地址上传到抖音。

2. 抖音小店

"粗暴"理解，抖音小店就是抖音自建的商城平台。

拥有抖音小店后，就能在个人的抖音、火山或者今日头条号上，展示专属的店铺页面。粉丝在通过上述App获取内容的同时，也能直接进行购买。这样，观众可以在最短时间内转化为客户，创业团队也拥有了完整的流量闭环和全面的引流矩阵。

（1）开店条件。

抖音小店的开店条件有以下两方面。

首先是资质齐全。如果有淘宝、天猫或者京东等第三方平台店铺（开店半年以上），则可以直接申请入驻。

淘宝店铺需要店铺开店等级一钻以上，店铺评分符合"抖音电商商品DSR规则"；天猫店铺需要店铺评分符合"抖音电商商品DSR规则"；京东店铺需要店铺星级在三星以上，店铺风向标>9.1。

抖音电商商品DSR规则如表5-1所示。

表5-1 抖音电商商品DSR规则

类目	描述评分	服务评分	物流评分
男装	不低于4.7	不低于4.7	不低于4.7
女装	不低于4.7	不低于4.7	不低于4.7
鞋靴箱包	不低于4.7	不低于4.7	不低于4.7
服装配件	不低于4.7	不低于4.7	不低于4.7
食品	不低于4.7	不低于4.7	不低于4.7
美妆个护	不低于4.7	不低于4.7	不低于4.7
母婴	不低于4.7	不低于4.7	不低于4.7
教育	不低于4.7	不低于4.7	不低于4.7
其他类目	不低于行业平均值	不低于4.7	不低于4.7

其次，如果资质齐全，抖音账号粉丝 ≥ 30 万，或者西瓜视频、火山视频、今日头条账号粉丝 ≥ 10 万，也可以直接注册抖音小店。

（2）开店流程。

用电脑浏览器，登录 https://fxg.jinritemai.com 网址。

第一步，选择"抖音号登录"。

第二步，根据实际情况，选择"个人入驻"或者"企业入驻"。

第三步，如果是个人入驻，需要填写个人身份信息，证件照应清晰；如果是企业入驻，则要填写企业法人基本信息、企业主体信息等。

第四步，填写抖音小店店铺的主营类目、店铺名称并上传店铺 Logo，选择主营类目（最多三个）。店铺名称尽量选择和抖音号相同的名称，方便进行引流和传播。需要注意的是，抖音店铺名称中不应使用旗舰店、官方店、专卖店、专营店、直营店、授权店等字眼。

第五步，填写账户信息、签署在线合同并交纳保证金。随后店铺即可成功开通。

开通抖音店铺后，也可以采用多个抖音号绑定同一店铺的方法，这样就能将多个渠道的流量集中到一处进行购买。

5.9.3 其他引流

当然，抖音也可以通过其他渠道，实现私域引流和销售。

（1）利用个人签名展示个人微信号、公众号，引导客户加好友或关注。

（2）通过评论区引导，委婉带动客户加好友或关注。

（3）利用私信功能，引导客户加好友或关注。

上述方法的共同重点，在于不能直接提及"微信""公众号""微博"等字眼。一旦被系统识别，很可能会被直接封号。

第6章　搜索平台引流：如何轻松获取精准流量

搜索平台背后的引流机制，是信息主动呈现。客户搜索产品或服务信息时，搜索引擎通过关键字或者长尾词，依据算法将关系最紧密的信息及时反馈给客户。因此，搜索流量能更充分响应客户的实际需求，可以帮助电商轻松获取精准流量。

6.1 百度账号注册方法

百度是目前中国主流的搜索引擎门户，围绕百度进行粉丝引流，可以产生良好的效果。

百度账号注册流程如下。

（1）打开百度首页，在右上角点击"登录"。登录页面如图 6-1 所示。

图 6-1 百度账号登录页面

（2）有三种登录方式，分别是 QQ、微博登录和立即注册。前两种在登录后需要绑定手机号。

（3）点击"立即注册"。输入想要的客户名、绑定的手机号、密码和手机验证码。

(4)勾选"阅读并接受",即可完成注册。

6.2 百度知道引流方法

百度知道是基于用户问题而产生的解答形式,是百度的重要功能,因此在百度搜索平台中有很高的权重。

6.2.1 账号准备

提前注册百度账号,在百度知道上正常活跃,包括提问、答题、点赞等,使账号具有真实属性,并具有一定的等级分数。当然,高等级账号也可以通过购买来获得。无论采取何种方式,最好能提前一周获取账号。

6.2.2 浏览器准备

使用自动删除Cookies功能的浏览器(如无痕浏览器),并选择宽带拨号或者Ip工具,其主要目的在于避免百度账号因频繁使用而被封。

6.2.3 引流

(1)选择重要关键词,参考百度指数、百度一下中竞品的主流关键词,设置细分长尾关键词。

(2)围绕长尾关键词提问。提问账号应选择注册时间较长的账号,在问题发布之后,注意适当提问补充。问题应详细,体现出需求的真实感。

(3)利用小号,分别进行回答。在提问后,等待时间不应过长,否则同类关键词可能被其他问题抢占。

（4）采纳回答时，相关的内容应有详细介绍的文字、图片和说明，也可以加上网站链接，但数量不应过多。

6.3 百度百科引流方法

百度百科是百度推出的一款内容开放的网络百科全书，目的在于打造涵盖各个领域知识的中文信息平台。其主要特点，在于充分调动每个人的力量，允许客户直接参与到百度百科的编写中。这一功能特点不仅可以用于引流，还有助于打造个人和企业的品牌。

6.3.1 品牌介绍引流

1. 账号准备

要准备好充分等级的百科账号。用高等级账号建立或编辑百科词条会更容易得到平台的认可，从而更快通过审核。一般情况下，推荐用满级号即15级的账号进行操作。

2. 人物品牌引流

百度百科中有大量人物介绍，其中大多数是历史或当代名人。作为电商创业者，也可以打造类似的百科条目，参照百科人物类型风格进行编写。

人物介绍一般包括"个人简历""基本信息""事业经历""荣誉成就"等几个方面。创业者在编写个人信息时，也应参照这样的模式。

在内容编写中，应注意以下原则。

（1）真实、客观。不应为了包装个人而编造虚假、自夸信息。否则即使通过审核，也难以让受众信服。

（2）站在他人的角度去写。尤其是在描述自身特长、成绩、荣誉时，应该融入个人业务的客观描述。

（3）不能直接加入电话、微信号等联系方式。可采用隐蔽方式去引导受众进一步搜索，达到引流目的。

（4）将最重要的信息放在词条段首位置，便于百度搜索页面中直接显示引流内容。

企业或者团队的品牌引流，也应参照人物品牌引流的原则和方法进行。

6.3.2 产品介绍引流

团队可以将主打产品的图片、功能说明、相关知识进行整合，形成一篇产品词条，列入百度百科中。

1. 直接介绍产品

在介绍产品时，同样需要注意真实、客观原则，避免使用极限化词语或者会引发误解的夸张词语。

此外，还应该巧妙运用"参考资料"这一功能，引导受众在浏览完产品介绍后继续点击"参考资料"中的网址链接，从而了解更多信息，成为潜在客户。

2. 相关知识引流

可以抽取与产品有关知识中的重要关键词，进行编辑、整合，尤其应融入与自身产品相关的新知识、新概念，采取"偷梁换柱"的方式，让受众在浏览完知识之后，不知不觉将之同自身产品联系起来。

如图6-2所示，在"健康减肥"这一百科词条中，融入了"多吃黑色食物"的案例。某电商企业经营的正是以黑豆为主要成分的减肥食品。毫无疑问，利用这一百度百科知识词条，就能实现对受众的引流与转化。

方法综述

1、多吃黑色食物

冬季减肥时可以多吃黑色食物，比如黑米、黑枣、黑麦、黑木耳等。黑色食物有清除人体自由基和活性氧的作用，还有降低血脂、保温暖身的功效。黑色食物富含丰富粗纤维，更有利于减肥，且黑色食物的饱腹感很强，可以避免摄入过量食物。

图 6-2 "健康减肥"百科知识案例

6.4 百度文库引流方法

百度文库是百度旗下在线互动式文档存储分享平台。百度文库平台上有大量网友在相互分享文档，具有强大的引流能力。

6.4.1 百度文库标题引流

为文档取直白、简单的标题，包含产品或服务的长尾词，就能提升百度文库排名、吸引流量。引流团队可以开设多个账号，或者与百度文库的高等级账号合作，分享与产品有关的文章。

如图 6-3 所示的案例。

百度文库 > 专业资料 > IT/计算机 > 计算机硬件及网络

电烤箱使用须知

2013-08-24　★4.5分(高于78.14%的文档)　1570　71　简介

图 6-3 "电烤箱使用须知"百度文库案例

该百度文档标题为"电烤箱使用须知"，其实际文本内容为一款品牌电烤箱的功能与价值说明，充分发挥了低成本的引流作用。

在为百度文档设置标题时，应注意以下细节。

标题不应有广告嫌疑，最好不要直接列出产品品牌名，而是选择比较含蓄的文档标题，如"加入××技巧大全""购买××需要注意的事项"。

标题不要和已有的文档标题重复，否则容易引起搜索者误会。

6.4.2 文档内容引流

想要让引流文案在百度文库内被迅速发现，并不断提升排名，需要努力提升文章质量。

1. 原创度

撰写或整理原创度较高的软文，更容易受到平台和受众的关注。实践表明，结合了职场或生活内容的软文文档，更容易被点击或下载。即便是宣传产品功能的软文，也应该注意多从发布者个人体验的角度来描述，而不是"硬"广告。

2. 外链

可以在文案中插入一些外部链接，从而引发点击和提高外链权重。但这一招属于"险棋"，外链数量不能添加过多。

3. 排版

文档排版应美观，首段空格两个字符，段落间距为1.5倍，字体为黑体或宋体。

4. 篇幅

文档字数很重要，太短的文档排名会靠后，也不容易表达清楚。通常篇幅应不少于1500字，不低于2页且图文搭配。这样才能让客户感到文档阐述全面具体，对自己有帮助，才能阅读下去并给予评价。

5. 注意事项

（1）使用者更习惯在百度文库分类中搜索文档，在分类选择时应注意精准性，从而提高文档审核通过的概率。

如提供留学服务的电商机构，分别在澳洲留学、英国留学、雅思考试等分类中都发布了文章，就比简单地选择高中教育分类要好得多。

（2）利用百度允许声明版权的特点，可在声明中加入作者姓名、公司姓名或网站网址。不过，在添加版权时，千万不要用加粗字体、改变颜色等手段加以强调。

（3）百度文库排名高低，会受到客户评价和下载情况的直接影响。评价越高、下载越多，排名就越靠前。电商可对文档进行好评，也可以采用威客网站进行阅读量、下载量和好评量的提升。除此之外，通过切换 IP 地址和清理 Cookies、加入百度文库互助群等方式，也能免费提升。

（4）如果有条件，可以聘请专业操作团队进行运营，从而提升引流效率。

6.5 百度经验引流方法

与百度贴吧、百度文库等要求不同，百度经验对文档格式的要求更高。但使用该平台的客户，想要解决自身问题的需求也更加迫切。

如图 6-3 所示，该经验标题为"怎样挑选进口奶粉"，整篇经验分享的都是进口奶粉的相关知识，下拉到文案最底部，就会发现其引流作用。

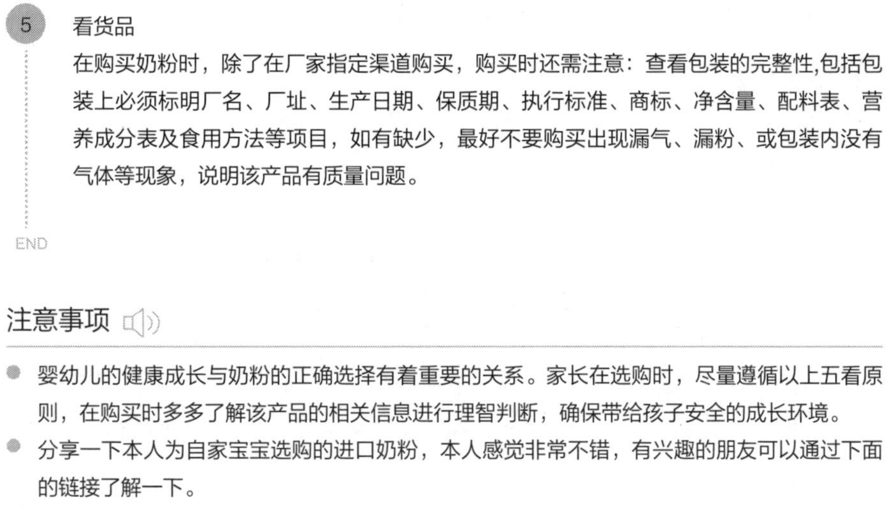

5　看货品

在购买奶粉时，除了在厂家指定渠道购买，购买时还需注意：查看包装的完整性，包括包装上必须标明厂名、厂址、生产日期、保质期、执行标准、商标、净含量、配料表、营养成分表及食用方法等项目，如有缺少，最好不要购买出现漏气、漏粉、或包装内没有气体等现象，说明该产品有质量问题。

END

注意事项

- 婴幼儿的健康成长与奶粉的正确选择有着重要的关系。家长在选购时，尽量遵循以上五看原则，在购买时多多了解该产品的相关信息进行理智判断，确保带给孩子安全的成长环境。
- 分享一下本人为自家宝宝选购的进口奶粉，本人感觉非常不错，有兴趣的朋友可以通过下面的链接了解一下。

图 6-3　百度经验引流案例

6.5.1　账号准备

注册百度账号后，将账号昵称或账户直接命名为引流团队的 QQ 或者微信。这样方便在分享经验之后，引导客户直接添加自己的联系方式。

6.5.2　确定关键词

利用"百度指数"或"爱站"等渠道，寻找与产品和服务相关的关键词，将这些关键词作为经验的标题。

6.5.3　经验内容

通过百度搜索收集相关的资料，编辑成为符合要求的文档后上传。在内容编辑时，应注意运用下列技巧。

1. 突出长尾词

客户希望直接解决问题，因此才会关注经验。经验中的长尾词必须充分突出、直白，例如"怎样做×××""怎样用×××""×××产品效果更好"等。

2. 图文并重

百度知道、百度文库和百度经验虽然同属于百度系列，但却各有特色。其对比如表6-1所示。

表6-1 百度平台文案侧重对比

名称	篇幅	图文	文字风格
百度知道	较短	基本不需要图	口语化，简单随意
百度文库	较长	适当加入图，版式严谨	偏学术化
百度经验	适中	图文并重	可操作性强

3. 实际操作性

百度经验应偏重于分享"经验"，既要说清原理，又要有切实的操作步骤。相比"知道"应更为实际，相比"文库"应更明晰简短。只有让"门外汉"既知其然又知其所以然，他们才会心甘情愿成为购买者。

6.6 百度网盘引流方法

百度网盘目前是百度的重点服务功能，属于云存储服务。客户可以通过网盘轻松上传文件，随时跨终端查看和分享。

1. 度小麦引流

打开百度网盘首页，点击"找资源"，进入内容商城，随后点击右上角"卖资源"即进入度小麦平台，见图6-4。这一平台是百度网盘推出的对全体网民开放的数字资产发布平台，拥有百度账号即可登录该平台，发布个人数据资产。

图 6-4 度小麦平台

电商可以将音频、视频或文档内容上传至平台，并取一个能够充分引起目标人群关注的标题。随后，再将价格标为"免费"。这样就能源源不断地吸引有兴趣的网民前来下载，从而达到引流的目的。

使用度小麦平台时可以运用以下技巧。

（1）预览图、专辑封面。可以直接在平台后方上传与商品有关内容的预览图和专辑封面，更容易通过视觉刺激引起关注。

（2）专辑简介应突出对目标人群最有帮助的关键词，而不是单纯乏味地介绍内容。

（3）出于某些特定引流目的，如筛选有支付意愿的客户，可以在平台上设定付费，价格可以为 6.66 元、8.88 元这样的数字。虽然收费不高，但只要愿意付费的大都是精准客户，有利于下一步的引导购买。

2. 网盘引流

（1）建立网盘，上传有价值的资源，比如高清音乐、高清图片等。目前，百度对一些涉及版权问题的资源已经开始限流，因此必须随时进行维护、删除或修改。

（2）设置分享密码。通过网盘功能，生成分享链接和密码，然后去产品推广对应的目标消费群体集中地（包括论坛、贴吧、微信群、QQ 群）进行发布。

（3）通过话术和资源展示，吸引到想要下载的用户，并以分享网盘密码的方式，与客户互加好友，进一步获得联系方式。

3. 外链引流

也可以直接将网盘内的资源赠送给目标群体，比如 PDF 书籍、视频资料等（必须是无版权问题的内容）。事先在这些资料上通过水印的形式，留下联系方式（QQ、微信），引导他人主动添加。

可以上传资源的部分内容，如书籍的前半部分、设置密码并压缩后的视频资料，目标人群在花费时间下载后，会出于得到完整资料的目的，而主动联系你。

6.7 百度其他引流方法

除了常规性的百度引流打法之外，还可以使用其他引流方法。

6.7.1 百度推广引流

登录"百度推广"首页，注册账号之后，就能开始精准引流大客户了。

一般情况下，传统产品的大客户会搜索与该行业名称相关的词语。例如，大宗批发行业的大客户通常会搜索与"××批发"相关的词语。相比之下，多数小客户则会搜索核心产品词。

根据上述特点，结合本企业需要的客户，在引流计划中有重点地选择并突出关键词。

例如，搜索"电脑桌"的客户，通常只是普通消费者或机构，一次最多购买十来张电脑桌。而搜索"电脑桌厂家"的客户，则很有可能会批量采购。因此，普通零售电商就应该用"电脑桌"作为关键词，而生产厂家或者批发企业，就应该用"电脑桌厂家"作为关键词。

6.7.2 百度竞价（SEM）

在百度的规则中，每个搜索结果页面，会展现 5 个竞价位和百度快照的位置。百度竞价是可以最容易、最迅速帮助电商登上百度首页的方法。

在开始百度竞价合作之后，最好应将每日定额消费设置为 500~1000 元。尝试一个月之后，得出数据，计算每个成交客户的成本。随后再根据具体数据分析，判断是否应该继续投入竞价。

6.7.3 搜索引擎优化（SEO）

通过对电商网站进行优化，也可以在百度搜索结果中向上"蹿升"。

SEO 的主要方向分为内部优化和外部优化两种。

1. 内部优化

（1）关键词。

只有在网站内部整合资源、优化关键词，才能更好地参与到百度平台的竞争中。优化的第一方向在于标题，努力让文章标题符合搜索引擎的分析逻辑，突出其描述中与产品相关的字眼。此外，还要优化网站标题关键词，进而提升整个网站在百度平台上的权重。

（2）代码优化。

代码层面的优化空间很大，因为牵涉相关技术，所以比较专业。通常情况下，电商引流团队只需要抓住最容易理解的方法即可。

例如，对每个图片设置 alt 属性，即替换文本，并在其中加上关键词。这样等同于清楚地告诉百度等搜索引擎，该网站目前关联何种关键词。

在文章页，所有的代码基本都建议使用 P 代码。该代码是最原始和简单的文字代码，能够让搜索引擎以最快速度发现关键词。

（3）设置站内站。

电商在建设新网站之后的 4~6 个月，应该搭建起站内站。作为"网站内的网站"，它能够在前期将搜索引擎与真实客户所看的页面分隔开。真实客户查看主站内容，百度等搜索引擎查看站内站内容，而站内站的所有链接又都应该链向主页，得以提升权重。当网站发展起来之后，站内站也可以建设成为单独网站进行运营。

2. 外部优化

利用外链、友链进行优化，就形成了外部优化。

电商可以花钱购买其他网站链接到本企业网站，也可以自行投入时间设置。如 58 同城这样的分类信息网，都是外链最好的免费平台。

还可以利用友链形式，相互交换链接，形成互相推荐机制。如果推荐的是相关行业的链接，百度就会分配更多的权重，提高曝光率。

6.7.4 权重网站发文

权重即网站在百度平台上的等级，共分为 0~10 十个等级，等级越高越好。通过"爱站"或者"站长之家"，能够看到网站权重的排名。电商在权重越高的网站上发文越多，在百度搜索上引流的效果就越好。

值得关注的权重网站有下列几种。

1. 个人或者公司网站

比如知名的行业达人博客、企业网站等，这类网站的权重只要达到 4 级以上，就可以看作高权重网站。

2. 新闻网

比如搜狐新闻、腾讯新闻以及各个地区的新闻网等，这些新闻网作为百度的新闻源，能够登上百度搜索首页，也能被其他网站收录和转载。

3. B2B 网站

比如阿里巴巴、慧聪网、58 同城等，以及以产品类别进行分类展示的 B2B 网站，都拥有登上百度搜索首页的资质。

4. 百度系自媒体软文

自媒体软文不仅能用于自媒体引流，还能用于被百度搜索引擎收录和推荐。百度系自媒体平台主要包括百度百家、爱奇艺平台等，此外搜狐自媒体、一点资讯和知乎，也很被百度看好，经常能够登上百度首页。因此如果电商偏重于百度引流，必须做好这些自媒体平台的引流内容。

6.8 微信搜索引流策略

从 2017 年 5 月开始，微信"搜一搜""看一看"功能上线。通过这两大搜索入口，微信使用人群能够自主搜索关键词，获得相关文章、公众号、小程序的信息。这些信息并不只是微信公众号内容，也包括广泛的互联网内容，点击之后可直接阅读，不需要跳转页面。此外，点击"看一看"，使用者还能了解到热点资讯以及好友关注的资讯、感兴趣的文章等。

微信有着巨大的活跃人群与日均阅读量，因此"搜一搜"和"看一看"功能应被企业积极利用，能有效提高引流效率。

6.8.1 关键词

与搜索引擎引流相似，微信搜索引流也需要选好关键词。具体步骤有以下两点。

1. 筛选关键词

针对微信主要使用者的特点、目标人群客户画像、微信内容特性布局关键词。主流的微信搜索关键词包括家居、健康、装修、生活四大类。

2. 关键词分类

普通搜索引擎有关键词分类，而微信搜索内的关键词分类应通过微信指数加以了解。

微信指数使用界面如图6-5所示。

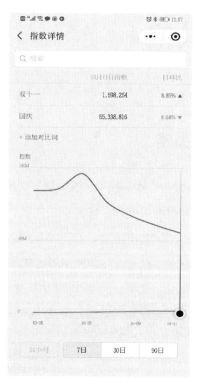

图 6-5 微信指数使用界面

微信指数的使用方式如下。

（1）打开手机微信首页，点击右上角放大镜标志。

（2）在输入框内输入微信指数，点选该小程序。

（3）在微信指数的输入框中输入相关的关键词热度，并点击"搜索"。

（4）可以看到该关键词在24小时、7日、30日和90日的热度指数。

指数越高，说明该关键词热度越高。此外，还可以添加对比词，对比彼此间的指数高低。

利用微信指数，电商可以定期对关键词进行梳理，比如以月为时间周期，根据关键词搜索热度进行优化调整。

6.8.2 内容引流

利用微信搜索进行引流，需要做好内容运营，关键步骤如下。

（1）公众号注册。至少注册5个公众号，可以利用多张身份证完成。

（2）公众号名称应包含热门关键词。

（3）对引流文案进行优化，确保选定的关键词能集中出现在搜索结果中。

经过上述步骤，微信搜索入口能够为多个公众号带来大量关注粉丝，将这些粉丝进行集中引导，就能形成电商的微信搜索流量池。

第7章 微信引流：构建流量池其实很轻松

微信早已是电商的必争之地。微信拥有高达10亿的用户数量，任何一家普通企业若能从这浩瀚的沧浪之水中分一瓢而饮，都很容易赚得盆满钵满。问题是，微信引流的方法，你是否真的完全掌握了？每一次微信更新迭代，你是否能从中找到新的引流商机？

7.1 微信号设置策略

微信号的注册与登录已无须赘述。但正因其简单易用，也更容易被电商引流团队忽视。实际上，微信号的设置与包装是吸引流量的关键开始。

微信号设置与包装策略如图 7-1 所示。

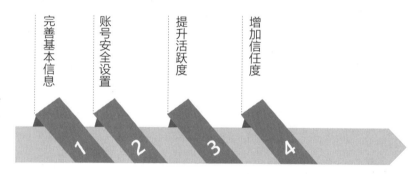

图 7-1 微信号设置与包装策略

7.1.1 完善基本信息

1. 头像

选择合适的头像后就不要轻易改变。普通微信用户可以经常更换头像，但引流电商却没有更换头像的"资格"。因为每更换一次头像，之前积累的品牌形象就会受损，粉丝也会有所流失。

2. 昵称

昵称应该和产品特性相关，也可以是企业品牌。如果昵称采用毫无规律的英文、符号、数字，微信好友在搜索时就很难输入从而选择放弃，直接导致潜在的交易中断在萌芽时期。

7.1.2 账号安全设置

用于引流的微信账号是企业的重要资产,因此必须完善账号保护措施。可以采取绑定QQ号的方式,根据提示,输入QQ号码和密码进行绑定。也可以绑定邮箱账号,使用邮箱账号进行绑定后,还可以修改和找回密码。这样,团队领导者就不用担心微信账号丢失。

7.1.3 提升活跃度

越是正常活跃的微信号,越能高效引流。下面这些方法能提升微信号的活跃度。

1. 加微信群

进入活跃的微信群,增加个人账号的活跃度。

2. 点赞

在朋友圈正常阅读、点赞、回复,引发关注。

3. 加好友

保持正常手动添加好友的习惯,不要在短时间内大量添加"附近的人"等渠道的好友。

7.1.4 增强信任度

下面的方法能够让微信官方平台更加信任微信账号,从而便于企业进行引流实践操作。

(1)绑定银行卡。一个微信账号可以添加多张银行卡。

(2)设定支付密码。

(3)开通微支付,并完成一次付款操作,可以是发红包,也可以是充话费。

7.2 微信朋友圈装修策略

个人能用朋友圈来打造自我形象，电商也可利用朋友圈打造企业形象。

7.2.1 朋友圈定位

任何引流方法的成功都离不开有效定位，朋友圈也同样如此。在着手"装修"手中的朋友圈之前，应该对其进行精准定位。

（1）社交类朋友圈，即正常的生活化内容。

（2）销售类朋友圈，即向老客户展示成交情况和使用体验等，目的在于促成购买。

（3）引流类朋友圈，目的在于鼓励潜在客户购买。

起步阶段，电商最起码要拥有两类朋友圈，成熟后则需要三类。在实际操作中，很多团队并没有注意内容区分，整个朋友圈内容凌乱不堪。今天晒自己的旅游、美食，明天是产品知识，后天又是为代理鼓劲加油……这样的朋友圈对引流帮助不大。

企业需要依靠社交号展示价值，再用该账号对客户进行鉴别、筛选和分配。随后，将潜在客户引流到引流号和销售号上。通过这样的分类，朋友圈内容的组织方向才能得以明确。

7.2.2 朋友圈文案

标准的朋友圈文案结构分为4个部分：标题、正文、结尾和图片，如图7-2所示。

图 7-2 朋友圈文案结构

1. 标题

朋友圈文案标题并非单独列出,而是属于文案重点内容的前置。可以用最精炼的一句话放在文首,也可以用疑问句作为开端,还可以用方括号或者 # 号间隔的方式来突出文章的标题。

2. 正文

朋友圈正文应尽量使用简单的描写和叙述,将之表达成一个故事。也可以使用第一、第二、第三来按点具体论述。这样就能减少微信好友的阅读成本,提高他们的阅读兴趣。

3. 结尾

朋友圈文案结尾通常应该像"钩子"那样,勾住微信好友,促使他们产生兴趣,寻求下一步沟通行动。例如,"点赞的都会好运"是邀请好友点赞,"你觉得呢?"是引发评论,"麻烦转发到朋友圈"则是请求好友帮助转发。

"钩子"结尾的设置有很多技巧,可以结合红包、奖励等同时进行。例如,可以宣布第十个、第二十个、第三十个等点赞的朋友获得奖励红包,也可以宣布会给第一个评论的好友以特别优惠等。总之,通过结尾的设置,让朋友圈文章不仅限于区区文字,而要引发新一轮的互动。

4. 图片

从诞生之日起，微信就将朋友圈命名为"相册"。这意味着朋友圈内容应尽量带有图片，或者在图片中加上文字，图文结合。

通常情况下不需要发太多图片，因为除了至亲好友，很少有人会耐心看完所有图片，更不用说陌生的引流对象了。

5. 其他技巧

（1）可以在朋友圈内容中加上链接。这是由于朋友圈文字较少、信息量不够，通过附加链接的方式，可引导微信好友进一步延伸阅读，获得更大信息量。

（2）文案中也可以加上微信号。这是因为朋友圈文案内容无法直接转发，只能复制粘贴。为了便于潜在客户在相互分享中进行引流，对重要内容必须加上微信号等联系方式。

7.2.3 朋友圈形象

无论引流内容多么精彩，当它出现在微信好友的朋友圈时，只是一条简短的信息预览。想要引起潜在客户的注意，头像和封面照的设置就至关重要。

1. 头像

潜在客户对引流者微信头像的第一眼评分，就是对其朋友圈质量的评分。因此，微信头像必须整洁、干净，若使用本人照片则应突出面部五官，选用看起来较为阳光、开朗、亲切、随和的形象。

不要选择清晰度较差或者网上随意下载的图片，也不要试图用风景、婴儿、萌宠之类的照片引发好感。这些图片都没有真人照片更能引起兴趣和信任。

2. 相册封面

相册封面位于个人朋友圈相册的顶端，这里是最好的广告位，应直接用于宣传个人、团队、产品和企业形象。可以用单幅图片进行展示，也可以将Logo、荣誉等图片做成拼图，展示自身实力和价值。

7.2.4 朋友圈风格

一篇篇文章、一张张图片形成了朋友圈的风格。适合引流的风格特征如下。

1. 输出价值

利用朋友圈输出价值，而非单纯展示。可以根据微信好友的爱好需求，如健身、减肥、美容、养生等，提供专业的价值，让他们感到你是出于善意和友情在提供信息。这样，他们就会减少戒备心理，关注你的朋友圈。

2. 形式多样、内容真实

朋友圈形式应多种多样，内容则应尽量真实，以便和好友迅速建立长期信任的关系。

（1）利用朋友圈短视频和图片功能，分享产品生产、营销、发货、收货等内容。由于朋友圈视频和图片内容真实可信，所以能迅速打动好友，提高他们对产品的认知兴趣。

（2）客户反馈。潜在客户的消费习惯决定了他们会在了解产品之后关注产品已有评价。电商可以利用朋友圈，积极展示老客户反馈，加强微信好友的信任和兴趣。

（3）团队情况。在朋友圈中展示企业团队的运营情况，包括团队风采、营销情况、成交截图等。这些图片主要展示给准客户或代理看，促使他们以此为参照，了解产品口碑、市场占有率，促进成交量的上升。

（4）分享生活。朋友圈也不应一味用于引流，如果好友总是看到营销宣传材料，就可能产生反感，甚至直接屏蔽。为此，可以适当发布一些个人生活动态，比如旅游风景、朋友小聚、美食分享、花钱消费等场景。这样，整个朋友圈的内容才显得真实可信且富有情趣，增加好友与你互动的愿望。

（5）坚持原创。朋友圈内容不能只是来源于千人一面的复制粘贴，或者来自网络上的搜索。尤其是创业电商，如果不同渠道传播的朋友圈，使好友的阅读体验完全一致，就很难实现真正的个性化吸引。因此，朋友圈推送的信息应坚持原创，文字、图案不必多么精美，真实才是打动人心的第一步。

7.3 微信公众号引流策略

公众号是微信重要的服务功能。公众号可以不断向外推送文字、视频和图案,形成系统的引流方案。

7.3.1 公众号名称

好的公众号名称可以展现价值、吸引关注。其主要的取名原则如下。

(1)价值展现。明确表示公众号可以为客户带来哪些资源。例如"××资讯""××疑问"等。

(2)产品展示。向外界宣布自身经营的产品。例如,若销售水果,则公众号可取名为"××果园";若销售文具产品,则可取名为"××文具店"。公众号名称与产品结合,可大大提升被微信用户搜索到的机会。此外,当微信用户看到公众号名称时,也会对产品有所了解并产生关注。

(3)突出地域。如果电商企业是走本地化路线,则应该尽量在公众号名称中加入本地区域名称。比如"华东××""浙江××""深圳××"等。此外,服务型的企业,还可以将名称中的地域细化到更小范围,确保关注者的精准度。

(4)个人昵称。创业者个人所经营的自媒体公众号,可以直接用个人昵称来命名,或者将个人昵称和企业品牌名相结合。

7.3.2 内容

微信公众号应该凭借独特内容来吸引流量。

1. 篇幅

微信使用者一般很难有耐心阅读长篇大论，因此公众号推送的内容不宜过长。文字数量为 800~1200 字、图片 3 张左右（每张大小控制在 50K 左右）、视频不超过 3 分钟较为合适。

篇幅超过上述标准，会延缓公众号推送的页面打开速度，同时使读者阅读时间过长，这些都会影响使用者的阅读感受。

2. 内容

可利用软文形式来宣传产品价值、普及相关知识，也可结合营销活动，引导微信好友关注。

在着手生产内容之前，应该采用思维导图的方式，设定文章框架，定义文章核心。

3. 排版

应对版面进行积极优化。内容形成之后，应对段落分布、标点使用进行多次审核与推敲，避免出现错别字、语病等问题。

可以在网上选择合适的编辑器，如 135 编辑器、96 编辑器、小蚂蚁编辑器等进行排版。这些编辑器中一般会附带大量素材和模板，可以直接使用。当文章形成统一风格的排版后，可直接复制到微信公众号编辑平台，并将内容发送到手机上预览。

4. "钩子"引流

微信公众号的文章末尾，可以设置"钩子"。"钩子"可以各有侧重，分别介绍企业、品牌、产品、人员等，吸引阅读者的关注。

例如，"感谢您的阅读。我是×××，一个践行新电商精神的姑娘。"

"我们×××团队，正在为了您的切身利益，努力奋斗！"

也可以提出问题，让阅读者积极思考，寻求答案并强化互动。

例如，"这样的情况，你遇到过吗？是怎样解决的呢？"

"你有没有这样的故事？可以留言哦！"

"钩子"可以和公众号推送页面底部的"阅读原文"加以结合。引导阅读者点击"阅读原文"，进入想要展现的具体广告页面。这些页面可以是电商的微店，也可以是想要推送的任何链接。

7.4 微信群引流策略

微信群是方便快捷的引流阵地。由于微信群有庞大的成员数量作为基础，一旦引流得法，就会得到源源不断的新流量。

微信群引流分为两种，如图7-3所示。

图7-3 微信群引流

7.4.1 自建微信群

自主建立微信群，能够让微信群处于企业的掌控之中，掌握引流的主动权。

1. 建群步骤

（1）按照一定标准对好友进行分类。可以按照兴趣爱好、活跃度、消费能力等标准分类。

（2）登录微信界面，选择下拉菜单，找到"发起群聊"功能。选择已经分类的微信好友，在名称后面的方框内打钩。选择成功之后，点击"确定"。

（3）修改群名称，发布公告提醒群友修改备注。备注应具有统一的格式，比如修改为"地域＋职业＋昵称"。

2. 群运营

建群成功之后，应积极进行微信群的运营维护，具体方法如下。

（1）主动发起话题。随时保持微信群的人气，为此可以将与产品和服务有关的新闻时事、热点讨论等，发布到群内进行讨论，调动群友的参与积极性，让微信群经常出现在每个人的手机顶端。这样，才能吸引更多人加入，实现高效引流。

（2）定期举办线上线下活动。比如产品发布、产品试用体验等活动，可以提前定制印有企业品牌 Logo 的小礼品、带有二维码的统一着装等，在活动中使用。通过线下活动和线上宣传，能够增强现有粉丝的黏性，并吸引更多人加入进来。

7.4.2 加入微信群

想提高微信群引流效果，只有自建群是不够的，还需要加入更多微信群并积极运作。

1. 加入群

（1）搜索。利用百度、搜狗等搜索工具，找到各个地域与产品相关的微信群二维码，扫码加入。

（2）借助不同渠道，如网盘、微博、贴吧等，找到其他企业的引流微信群，将之储备为微信群资源。只要不断坚持，就能有一定的收获。

（3）通过产品赠送等福利，鼓励好友推荐微信群给自己。通过这样的方法，就能让手中的微信群实现裂变式增长。

2. 群引流

（1）微信群选择。

多选择学习型、知识共享型的微信群。一般这类微信群的群主希望加入的人越多越好，引流质量比较高，群主并非直接销售产品，对引流活动也不会过于反感。也可以选择因为同样目的而自发形成的微信群，比如妈妈群、考试群、球迷群、车友群等。这些微信群气氛较好，主题突出，便于引起大家的关注。

（2）加入微信群后，首先应该引起关注，在群里"混个脸熟"。

可以采用咨询请教的方式，在群里发起一些问题，调动更多的群友参与讨论。在讨论中，引流者发表的言论既要符合群规范、贴近群主题，又要新颖有趣、有理有据，从而让更多的人关注你。

（3）发送福利。

可以在群内发布行业知识、行业热点等信息，有需求或感兴趣的群友，自然会联系你。也可以分享产品的代金券、红包等，让更多人能够得到实惠，从而进一步关注你。

（4）积累关注。

有了一定的关注度后，可以找机会向大家介绍自己。并透露如果加为好友，就会经常在朋友圈发布类似"福利"。这样，就能经常添加新的微信好友，实现引流。

7.4.3 群红包引流

微信红包是重要的群引流营销工具。无论是自建群还是加入他人的群，红包都会受到普遍的欢迎。尤其是在他人的微信群中，如果引流者成为"红包天使"，即便群主想要将引流号移除出去，也需要考虑群友的感受和意见。

发红包引流步骤如图7-4所示。

图7-4 发红包引流步骤

（1）在微信群、朋友圈发布消息，如"想要红包的可以加群，二维码如下"。

（2）群建好后，在群中发布公告，宣布群人数达到一定规模（如满 500 人）后就开始发红包。

（3）加群好友会主动拉各自好友进群。

（4）当人数达到要求之后，发布一条消息："只要是我的好友，向其他群或好友转发名片，并截图给我，就能得到定向红包。"

（5）不是好友的成员就会全部向你申请加为好友，同时帮助你转发名片，确保有源源不断的人来加你为好友。

7.5 微信矩阵引流策略

微信引流被众多电商重点关注。在微信平台上，只有积累足够数量的粉丝，才能实现最大程度的变现。然而，单一公众号引流的效率已越来越低，创业者建立矩阵、共同引流，可以更快迎来胜利的曙光。

7.5.1 渠道矩阵

"想吃火锅了，家里只有锅。咋办？

打电话给 A，说请他吃火锅，但麻烦他带份锅底来。

发微信给 B，约他快来吃火锅，不过家里没羊肉了，带份羊肉就行。

打电话给 C，请他带两份蔬菜来吃火锅，肉这边都齐了……

晚上，一顿热气腾腾的火锅丰盛极了。"

虽然这只是网络段子，但其中蕴藏的"渠道矩阵"思维，值得电商积极运用到引流实践中。

某电商想打造高校项目，需要进行引流。运营团队联合了数十家面向大学校园的公众号，筹备线下活动。

经过讨论，活动形式确定为大型讲座。主讲人、内容、地点、会议服务均由该电商提供，参与的公众号则负责扩散消息。公众号会因此而"涨粉"，电商则通过讲座过程中的二维码展示，直接在公众号渠道的粉丝中进行了宣传。

类似的合作方式有很多，针对垂直人群部署多重引流渠道，建立起巨大的流量池。在各渠道方从中受益的基础上，运营方更能收获巨大流量。渠道矩阵示意图见图7-5。

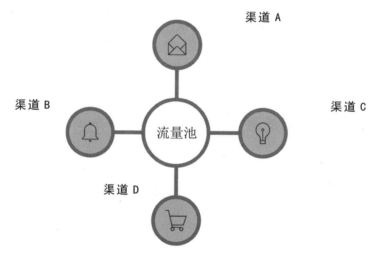

图7-5 渠道矩阵示意图

打造渠道矩阵，需要注意以下几点。

1. 精准选择

选择能够与垂直目标人群紧密对接的公众号，运营时间越长、影响力越大、粉丝越多的公众号，越是能够带来精准流量。

2. 避免竞争

不要与可能产生竞争关系的公众号进行渠道矩阵合作，避免流量被人为拦截和引导。

3. 活动设计

段子里的"吃火锅"活动，是需要聚集资源才能成功的活动。"吃火锅"既是运营方的目的，也是召集渠道形成矩阵的最好"借口"。

同样，电商在进行渠道矩阵引流时，要设计能充分吸引渠道合作方的活动形式。只有让活动的价值打动他们，他们才会毅然投入资源、加以宣传、带来流量。否则，即便活动对粉丝们有利，但渠道合作方不愿投入宣传，也难以形成合力、产生效果。

7.5.2 微信个人号矩阵

很多情况下，微信个人号引流的效果要好于微信公众号。微信公众号推送的信息中，打开率能到 10% 就相当不错了。反观微信个人号在朋友圈发布动态后，只要没有被好友屏蔽，其基本上都有可能看到。

某电商运营负责人有 5000 个微信好友，已达到微信添加好友数量的上限。他所发布的大部分朋友圈，由于本身质量不错，都能获得数百的点赞。

个人微信号的影响力由此可见一斑。

实际上，许多优秀的引流文案，其内容雏形都源于朋友圈内容。正因为产生了独特的引流效果，才被修改后用于微信公众号等渠道。

采用个人微信号矩阵引流，需要解决设备和微信号的问题。做好布局、规避封号风险，方能实现流量稳步增长。

1. 个人微信号配备

（1）确定数量。

微信官方系统对"主动加好友"的行为有限制。每个微信号每天只能发送 20~30 次的好友添加申请。考虑到通过率，每个微信号每天实际上最多只能加到十余名好友，这对许多创业电商而言远远不够。解决的方法是，每个引流员工拥有多个微信个人号。

用于引流的微信个人号数量应按以下公式计算。

微信号个数 = 粉丝需求数 ÷ 通过率 ÷ 发送请求数。

（2）考核配备法。

微信个人号也可根据实际运营员工数量进行配备。每个引流员工对应一个或多个微信号。根据各微信号的引流数量，很容易对他们进行业绩考核。

（3）渠道配备法。

用不同的个人微信号，在不同渠道上进行引流。根据重要程度的不同，为每个渠道配备不同数量的微信号。这种方法也便于统计分析渠道对引流做出的贡献。

（4）提前配置法。

在业务拓展或新员工入职时，都需要有成熟个人微信号立刻投入使用。为此，需要结合对企业引流规模的动态预测，提前"养"一批个人微信号。

2. 载体管理

确定个人微信号配备布局后，需要一定数量和种类的硬件载体对之存放使用。目前，常见的管理方式如表 7-1 所示。

表 7-1　个人微信号载体管理

使用方式	特点	优势	劣势
一机一号	正常使用	安全性强，微信在线时间长	硬件成本高，操作烦琐
模拟器	使用电脑模拟安卓系统，用一台电脑模拟多台安卓实机	成本可控，增加一台电脑即可	容易被微信官方系统批量封号
云控系统	使用手机，通过保存硬件串号和微信数据包等信息，实现一机多号	硬件成本低，可自动化运行，操作效率高	不停切换数据后台，微信在线时间短，活跃度不足
群控系统	使用中控系统，对手机进行批量管理	吸收一机一号的优点，解决操作麻烦的问题	硬件成本高，容易被微信官方封号

（续）

使用方式	特点	优势	劣势
一机多号	使用类似"分身软件"技术，在一台手机装多个微信软件	成本较低，微信在线时间长	操作效率低，容易被微信官方封号

在微信官方管理越来越严格的情况下，创业者通常不应违反官方规则。尽量使用"一机一号"的方法，配合第三方微信管理工具，是搭建个人微信号引流矩阵最明智的做法。

在运用个人微信号矩阵进行引流时，团队领导者还应建立详细的微信管理资料表，见表7-2，便于迅速了解每个微信号的来历、状况。

表 7-2　微信管理资料表

微信号	注册时间	绑定手机卡	实名信息	绑定银行卡信息	对应网络	对应引流人员	对应手机	封号时间	解封时间	解封人员	好友情况

3. 日常管理

个人微信号的日常管理，可以利用第三方微信管理工具进行。日常管理的重点集中在数据统计、好友管理、销售监控上。

使用第三方微信管理工具进行数据统计时，重点了解微信号的在线情况、加好友情况、删好友情况、业绩收入情况等。还可以通过好友管理工具，进行客户画像、标签管理、服务记录管理、朋友圈管理等。通过销售监控，对敏感词进行筛选并查看聊天记录，确保微信号运行平稳。

第8章 微博引流：粉丝需要你提供好玩的内容

微博诞生十年，日均活跃用户依然保持在1亿以上。微博上既有明星八卦，也有社会热点，同样有电商孜孜追求的目标客户。打造好玩有趣的内容，抓住手机屏幕前的一双双眼睛，微博就会成为企业获取财富的利器。

8.1 微博内容引流技巧

新浪微博的口号是"随时随地发现新鲜事"。然而,除了各个领域的顶尖人物和自带流量的明星,普通微博很难不断打造出高点击率的新闻。这一现状,决定了电商微博引流方向的重点在于内容关注。

8.1.1 "蹭"热度

在微博上,"蹭"热度是相当重要的引流方法。"蹭"热度的方式有以下几种。

1. 话题热度

话题是指使用者在微博平台搜索内容时,系统会显示出的内容所属类别,以"#"作为标志。

电商应该时刻关注微博热搜榜,在最热门的话题中发布消息、进行评论。

有调查显示,晚上刷微博的男性用户比较多。某男性保健品电商抓住这一规律,利用微博小号,变身女性角色,在微博热门话题上和男性朋友们实时有效互动,不断将粉丝从热门话题版块转移到小号上,再转移到大号上。

2. @账号

通过@相关账号,可以将名人、明星的粉丝流量转移到运营方微博或产品链接上。也可以通过@自己的小号,实现这一目的。

例如,"太可爱了吧!喜欢这个明星,更喜欢这件衣服,想要给侄子买个同款

@×××"

刚在@×××那里领到了优惠券大礼包,开心!"

"买衣服可以找他哦!衣服很漂亮,还有很多优惠券@×××"

3. 蹭名人引流

蹭名人引流属于非常规的引流做法,即利用名人的关注流量,提高自身曝光率。

不少人关注了马云、任正非、俞敏洪等企业家,运营方可以利用其名气热度,注册相关账号。例如@任正非管理思想、@俞敏洪语录等,再通过捆绑淘宝账号加V。当客户搜索任正非、俞敏洪时,运营方账号名字也会出现在搜索结果上。

拥有这样的账号之后,需要不断对账号内容进行稳定更新以维护质量,粉丝群体就会不断扩大,带来新的流量。

8.1.2 内容方向

如果微博发送的内容缺乏时效性,对粉丝的吸引力就乏善可陈。在避免这一问题时,应注意以下两点。

1. 图文并茂

图文结合的微博内容,更容易吸引粉丝。图片应尽量选择清晰、有趣、信息量大的。

2. 文案内容

微博语言必须简短有力。最好能结合互联网文化的特点,使用通俗有趣的网络流行语言。通常情况下,内容应坚持健康、积极、正能量。

在写作微博文案时,应突出以下重点。

(1)微博文案引流的目标对象、效果、原因。

(2)微博文案应指向客户的兴趣爱好、解决的痛点问题、能引发的行动。

3. 人格化

微博用户是活生生的"人",有不同的背景经历、情绪体验。运营方必须懂得隐藏企业特点,追求人格化表述,发布的内容应该与"人"紧密相关。即便只是转发,也要有出于人性背景的理由,包含能引发情绪体验的共鸣点。

8.2 微博头条文章引流技巧

头条文章是微博平台引流的重要途径,其相关引流技巧如下。

1. 发布流程

(1)打开新浪微博,登录微博账号。

(2)登录后,点击"首页",出现提示,如图8-1所示。

图 8-1 微博头条文章发布

(3)打开窗口,窗口中出现标题、正文等灰色文字提示。输入后,点击右上角"下一步"按钮。

(4)在窗口点击"…"按钮,可出现相应的下拉列表,点击列表中的"投票"按钮。

(5)在新打开的窗口中,打开默认页面"文字投票"选项卡。按照提示,进行输入、选择、添加、设置等,完成后,点击下方"发起"按钮,即可完成投票设置。

也可以点击"图片投票选项卡",打开窗口,输入相关内容并设置,点击"发起"按钮。

2. 发布内容

微博头条文章的内容越优秀,越容易获得较高排名。

(1)标题对应。

标题必须和关键词高度对应匹配。例如,想要为"燕窝"这个产品进行引流,关键词应该是"燕窝吃法""燕窝鉴别"等。

(2)首段原创。

文章的第一段文字必须原创,才能显著提高排名。

在首段中,作者可以多使用疑问句,给读者留下充分的思考和想象空间,以便为互动交流埋下有力的伏笔。

(3)软文营销。

头条文章不能直接营销,为了让微博用户在阅读之后能积极点赞关注,就应准确设计文案的内容布局。文章中,应尽可能将营销内容放在第二段或中间部分,避免将之放在开头或结尾,显得过于突兀。

(4)故事化。

要善于利用故事形式来写头条文章,增加情节、对话和描写,减少议论、分析等理论性内容。

尤其重要的是故事末尾画龙点睛的部分,可以是幽默桥段,可以是提出疑问,也可以是出人意料的反转。

8.3 微博搜索引流技巧

由于微博搜索功能的使用方法简单、获取内容集中,吸引了众多微博用户高频次的使用。其相关引流注意事项如下。

1. 实时账号

微博实时账号，是指所发内容能在搜索结果中出现的账号。电商运营方应该采用实时账号发布微博，这样当其他用户搜索相关关键词时，才可能在综合和实时板块中看到引流的内容。

（1）测试。

为测试手中微博账号是否属于实时账号，运营者可从已发布的内容中，随意截取一个关键词进行搜索。如果搜索结果中出现了已发布内容，证明其为实时账号。

（2）养号。

为养成和维系实时账号资质，运营者需要利用微博多发布原创内容。微博账号应保持日常点赞、评论、转发等行为，以此让微博官方评判该账号为实时账号。

2. 热门搜索

在微博平台搜索框下方的左侧选项栏中，有"热门"这一部分。点击"热门"，能够浏览现有微博热门话题，见图8-2。

图 8-2 搜索热门内容

运营方可在"热门"中再次进行搜索，对出现的重要信息进行评论、点赞和转发，寻找与其他微博用户互动的机会。

3. 明星搜索

各路明星拥有庞大的微博粉丝数量，在明星的微博下参与评论，有可能创造出庞大的引流平台。

具体步骤如下。

（1）根据百度热门榜单，搜索与产品关系紧密的热门明星。

（2）扮演粉丝角色，在他们的评论里进行引流。

当该明星的粉丝在微博搜索"明星"选项里看到感兴趣的内容时，评论中预先"埋藏"的产品信息或联系方式也会被他们看到。感兴趣的粉丝就会点击关注，甚至主动与电商联系。

8.4 微博话题引流技巧

2015年，CK化妆品官方旗舰店举行了"和品牌明星互动"的线上活动。该活动利用韩国人气组合成员"太阳"的高人气与知名度，打造CK官方旗舰店高端、时尚、年轻的品牌调性。

这次活动重点使用了微博话题进行引流，为官方微博带来了6倍的粉丝量、31.6万次的传播量。话题引流也为官方旗舰店带来了薪新的用户群体，当月就引入了新客户805位，占成交用户数量的98%。

如何利用微博话题进行引流呢？主要有以下两种方法。

8.4.1 从话题到产品

（1）登录微博，进入主页，点击右上角的"发现"。

(2)进入"发现"后,点击"更多",选择"话题"。

(3)可以看到有多个种类的话题榜单,见图8-3。

图8-3 微博话题榜单

(4)在话题中选择与产品最贴近的种类,参与到讨论中进行引流。例如,护肤品营销团队可选择时尚美妆版块，衣服鞋子营销团队可选择穿搭版块，销售减肥产品的电商应找到运动健身版块等。

（5）也可以在"我的"选项里，自行创建话题。

通过上述步骤，先找到热门话题，再将话题与产品、服务联系起来，取得良好的引流效果。

8.4.2　从产品到话题

电商也可以先提炼产品的传播特征，再去搜索热门话题。这种方法更加精准有效，保证引流措施的性价比。

某互联网创业团队提供微商培训服务，引流开始前对自身服务进行精准定位，随后展开有针对性的话题搜索。具体步骤如下。

1. 查询关键词

该团队在微博指数上查询了相关关键词的搜索量，发现"微商代理"关键词的搜索量很高，具有相当高的关注度。

2. 搜索话题

在微博搜索上输入"微商代理"，发现热门话题，如图8-4所示。

图8-4　根据关键词搜索话题

3. 发帖

在话题中发布信息，并将具体内容同步到微博信息中。及时查看阅读量，阅读量越大，说明帖子的受关注度就越高。

当然，发帖的内容相当关键。利用文字和图片的配合，形成精彩的原创内容去打动受众，才能确保引流效果。

4. 顶帖

微博话题中，帖子默认按照更新时间进行排序。因此，"顶帖"就是决定引流质量的关键步骤。想要让帖子始终排名前列，运营方就需要不断组织更新、回帖。

回帖的技巧在于每次回复的内容必须有变化，不能复制粘贴，否则很容易引起微博官方的封号和限制。运营者可以根据实际需要，设计好时间，组织人员轮班定时刷新回帖。

8.4.3 话题发帖

在话题中发帖，可以采用"送福利"的形式来引发关注。

护肤品产品电商可以赠送"体验装"产品，减肥产品电商可以赠送"30天减肥锻炼法"，母婴产品电商可以赠送"育儿经验"。

总之，免费赠送的应该是目标人群感兴趣的东西。但赠送行为不能带有明显的营销推广目的，而是需要包装成"新鲜事"，在微博上"晒"出。毕竟，无论社会如何发展，信息如何通畅，免费赠送这种事情永远会引起一定的关注。

8.5 微群引流技巧

微群是微博平台的互动工具，具有强大的社交功能和丰富的话题性、互动性及传播性。只要电商积极开发微群功能，就能在不断的话题互动延伸中扩大粉丝群体。

8.5.1 设置微群

1. 加入微群

微博平台上有许多流量巨大的明星粉丝微群，可以直接加入，具体方法如下。

（1）打开微博，点击"消息"，点击左上角的"发现群"。

（2）直接在推荐的热门群内选择适合的明星粉丝群进行添加，也可以通过"搜索群"来完成添加。

（3）选定目标群后，点击右边的"加入群"。编辑申请理由，点击"发送"，等待批准。

2. 创建群

如有必要，运营方也可以自主创建微群，其步骤如下。

（1）登录微博账号，进入主界面，点击最下方的消息菜单。

（2）在应用搜索中输入"微群"，点击出现的"新浪微群"。

（3）进入新浪微群页面，点击"创建微群"。

（4）进入相应页面，选择建立公开群或私密群。两者需要不同的申请条件，页面上会提供对应的详细介绍。

（5）按照要求，填写好群资料。设置群内容并上传头像。通过后，即可邀请好友加入。

8.5.2 微群引流技巧

1. 群名称

群名称可体现产品或服务特点。好的群名称，可以带动用户的阅读、转发、评论等行为。

设计群名称，需要注意以下要点。

（1）亮点。

不要用太过常见的微群群名。大众化的群名无法体现内容特点，也难以在搜索结果中脱颖而出，无法高效引流。电商可以为群名称加必要的前缀、后缀来避免平庸感。

某企业关注的是交通出行领域，如果单纯地取名"自驾群"肯定效果不佳。但如果取名为"自驾心经""自驾百科"，就能调动起爱好者的兴趣。

（2）主题垂直。

群名称主题越垂直，越容易体现群内讨论内容，当目标用户看见后很容易产生参与愿望。

可以在群名称中加入客户特征，如"90后育儿群"；也可以加入地域，如"××省书友会"；还可以加上企业品牌名称等。

（3）名称简练。

在群名设计中，动词的效果要大于名词，名词的效果则要大于形容词。

"爱运动一起来"比"健康运动人士"要更有活力感。正是因为动词让人眼前一亮、耳目一新，才会让读者有参与感并随之产生行动。

2. 群公告

微群群公告很重要，可以作为群信息的发布源头来加以运用，并要随时进行更新。

群公告的撰写原则是逻辑清楚、条理明确，以引发群友的好奇心和迫切性为主要目标。

利用群公告发送活动通知时，还应将相关内容同步发送到 QQ 群、微信群等粉丝集中的社群。以便形成社区矩阵，对活动宣传产生良好效果。

活动进行时，可以将相关图片、内容实时发送到微群中，引导没有能够参与的微博用户积极关注。

活动结束后，在主要微博账号中发布活动反馈，包括集体合影、活动点评等，在微群中扩大影响。

8.6 微博私信引流技巧

微博私信是微博好友之间进行私密沟通的一种方式。以私信方式来引流，不仅隐蔽安全，而且具有亲和力，是有效引流的重要方法。

8.6.1 私信发送方法

私信发送方法如下。

（1）登录微博，在首页中找到发送私信的选项。

（2）点击发送私信的选项，对私信内容进行编辑。

（3）点击需要发送私信的账号，发送私信内容。

也可以从目标人群的主页开始发送，方法如下。

（1）进入微博，点击发送目标的头像。

（2）进入其主页，点击头像下方的"私信"，直接向精准客户单独发送私信。

8.6.2 私信内容

在微博平台上，私信的发送数量和篇幅都有一定的官方限制。如果粉丝数量较多，频繁发送私信引流也会浪费时间成本。因此，发送私信引流，更需要强调精准性。

1. 确定推送内容

在恰当时间如节假日、产品促销期间发送私信，以此将热点同私信内容结合起来。

私信内容不应过长，让对方的阅读时间控制在 20 秒之内。私信的前 30 个字内，应包含能够吸引目标客户关注的关键词。

2. 选定目标

私信的转化率非常重要，选择正确的目标发送私信远胜于在平台中盲目选择和操作。

微博大 V 是首选私信目标，一旦他们认可私信内容，产生的传播效应会十倍百倍于普通用户。

其次是官方微博，尤其是组织主题性和针对性强的产品引流活动时。

最后才是普通目标客户。

电商运营者应积极转换思路，关注大 V 和官方微博的平台行为习惯。包括他们会转发和评论哪些微博内容，哪些是其喜欢了解的焦点和热点。随后，选取与之相适应的热点信息，融入引流信息，形成私信内容。发送这样的信息，比较容易被对方注意到，大大提升二次传播率。

3. 私信"幌子"

要采用一定的"幌子"来推送。运营方可以为大 V 或官方微博增加针对性荣誉、设置头衔，比如邀请其担任评委等。这样能很好地引起大V或官方微博的兴趣、获得支持。

8.7 微博评论引流技巧

在微博平台上，获得更多人的评论，就意味着更多的关注量，这也是重要而有效的引流方式。

8.7.1 热评

微博热门评论，是指在整个平台上排名前列的微博评论。排名靠前可以产生很大的曝光量，进而带来源源不断的流量。

1. 准备

利用热门评论获得流量，需要提前对昵称、头像进行设置。

可以直接将账号头像设置为产品图片，让其他评论者能够第一时间明确重点。同时，这样也不会因为发硬性广告而被投诉。

如果用带有大V认证的微博号发布评论，则其他微博用户就能通过账号认证的方式，了解账号基本资料。如果点评犀利、观点独到，则可以引发其他网友的点赞和积极讨论，起到引流与吸粉的作用。

2. 登上热评

可以在明星、大V、官方微博所发布的内容下进行评论。正常运营的微博账号，其所发布的评论内容只要产生足够的互动量，会有很大可能登上热评。

需要注意的是，使用购买流量的方式（如利用数百个小号对自己发布的评论进行点赞和评论）是无法登上热评的。此外，如果发布时间较晚（对某条微博内容发布评论时，之前已经有了数百条评论），那么无论怎样操作，都很容易能被淹没在评论的海洋中，无法登上热评榜。

8.7.2 评论大号

1. 大号发布

可以在电商的主要微博账号上发布内容，随后用另一个大号进行评论。此时，文字内容不应涉及引流，而是单纯评论内容。

2. 小号互动

用充分的正常小号数量，给大号的评论点赞、评论。如果评论通过了审核，并积累了足够点赞数，该评论就能获得优先显示。

3. 更改资料

此时，再将发布评论的账号资料进行更改（包括改动头像和昵称），用来发布引流推广的内容。

8.8 微博转发抽奖引流技巧

微博上的抽奖活动通常分为两类，其区分如表8-1。

表8-1 微博抽奖活动区分

活动名称	特点
转发抽奖平台抽奖活动	抽奖活动集中，参与人数多，机器抽奖，中奖率低
个人微博转发抽奖活动	抽奖活动分散，参与人数较少，中奖率略高

根据抽奖活动方式的不同，可以采用不同的技巧。

8.8.1 转发抽奖平台抽奖

（1）登录http://judge.drip.im/，进入微博转发抽奖平台，使用微博账号登录。如图8-5所示。

图8-5 登录微博转发抽奖平台

（2）点击导入活动。

（3）发布新的活动，或者对已有的活动进行转发。所有的抽奖活动都可以直接在这里发布，也可以在微博内进行发布。

（4）选择导入方式，点击从微博导入，如图8-6所示。

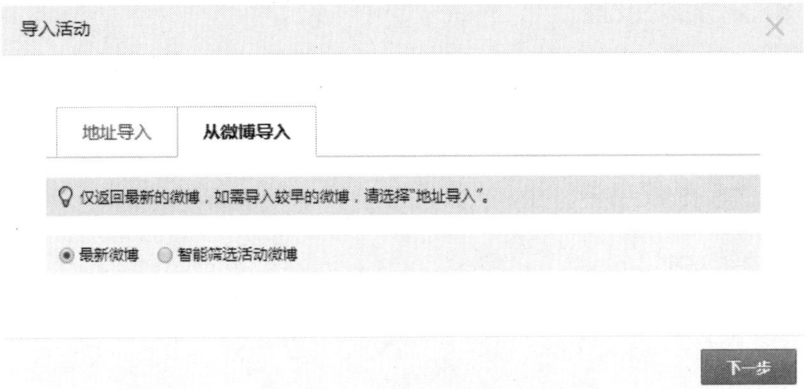

图8-6 从微博导入抽奖活动

（5）选择该账号微博内容，设置结束日期，点击导入。

（6）点击开始抽奖。出现提示并点击确认。

（7）设置奖品和得奖人数、参与规则，点击抽奖并确认。

8.8.2 个人微博转发抽奖活动

个人微博账号转发抽奖，只要直接进行转发即可。但个人微博转发抽奖引流活动的影响范围势必受到账号本身好友数量的限制。要想取得更好的引流效果，需要满足以下几个条件。

1. 设置抽奖条件

设置恰当的抽奖条件，以增加微博账号的关注度为目标。比如需要关注活动发起者、需要@几位好友、需要转发等。

2. 事前准备

在开始抽奖活动之前，应"养"好微博、培养粉丝。在需要@好友参与活动时，应注意每次有所偏重和选择，避免所有活动都邀请同一批人，最终引起粉丝的厌烦而取消关注。

8.8.3 活动设置

1. 奖品设置

奖品设置可分为现金、实物和微博会员，如图8-7所示。发布抽奖活动前，需要事先计算并发布奖品名称、中奖人数。

图 8-7 奖品设置

2. 概率设置

设置后台条件，确保让真正的关注用户获奖，提升粉丝对未来抽奖活动的兴趣。后台条件设置页面如图 8-8 所示。

图 8-8 后台条件设置

最重要的设置是"过滤垃圾用户"。该功能设置将确保中奖者不包含"机器"号。同时，"深度过滤"会对参加转发抽奖活动次数比例多的账号加以过滤。

8.9 微任务和粉丝通引流技巧

1. 微任务

早在 2013 年，微博就将各路"草根"大号统一纳入微任务平台。在该平台上，电商企业可以利用有偿发布或转发形式，让微博大号帮助发布引流信息。

大号往往是具有一定数量（通常在 10 万以上）粉丝、具有较强的影响力、以营销为目的商业微博账号。

这些大号通常分为 3 类，其区别如表 8-2 所示。

表 8-2 微博大号的区别

类别	优势	劣势
明星名人	粉丝量庞大、影响力大	费用较高
认证加 V	粉丝量数十万、影响力垂直	有引流范围限制
草根微博大号	内容为主、传播力较强、费用适当	品牌形象参差不齐

草根微博大号是微博平台最早成名的用户，有着庞大的粉丝数量和强大的传播力。此外，一些行业垂直大号，经过长期运营和引流，也拥有了数十万乃至上百万的忠实粉丝。

这些大号能通过广泛覆盖传播，迅速提升品牌、产品的曝光度和知名度，许多成功的微博引流项目都离不开他们的参与。电商引流团队可以通过微任务平台，与他们形成合作关系，获得他们的转发，可以在短时间内有效提升微博引流效果。

2. 粉丝通

"粉丝通"是基于微博的海量用户，将企业信息广泛传递给粉丝和潜在粉丝的营销产品，它会根据用户属性和社交关系，将相关引流信息精准投放给目标人群。同时"粉丝通"也具有普通微博的全部功能，如转发、评论、收藏等。

（1）登录新浪粉丝通账号，点击进入后台的投放页面。

（2）点击"创建微博推广"，根据引流需要选择投放目标。

（3）设置名称、编辑投放的微博内容。投放内容必须符合相关规定，杜绝虚假信息，否则平台会不予审核通过。

（4）确定投放目标并设置价位。在目标投放上，需要进行明确细致的分类，设置合理价位、日限额，才能有计划地进行高效推广。

（5）账户充值后，点击"确定"，即可开始推广。

8.10 微博 @ 网红引流技巧

"网红"是互联网经济模式中出现的独特现象。这一群体的活跃，让互联网开始走向网红经济时代。

对"网红"的批评和争议固然很多，但不可否认的是，除了少量低级趣味、形象不佳的"网红"外，大多数积极向上、形象健康的"网红"能够为粉丝和舆论带去新鲜的正能量引导力。同样，用微博 @ 网红也成为实用的引流技巧之一。

张大奕曾经是一名模特，后来成为淘宝店主。通过在微博上展示自己与众不同的穿搭风格、个性化的品牌营销，成为国内全品类网红电商第一人，个人品牌全品类电商网站成交金额突破 10 亿元。

事实证明，网红引流是一场"醉翁之意在山水"的营销活动。运营者真正应该打造的不是网红，而是商业引流，通过网红"人设"的宣传营销，实现对产品和服务的引流目的。

8.10.1 重新认识"网红"

以引流眼光来看待"网红",就能发现"网红"既自带媒体属性,又具备社交特点。具体而言,"网红"身上集中表现出图 8-9 中的四大特征。

图 8-9 网红的特征

1. 持续互动性

在传统引流手段中,品牌只能面对客户进行单维度价值传播。网红利用包括微博在内的多种社交平台,进行积极双向沟通,打造品牌价值。

2. 分布式渠道

网红可以使用多种去中心化的渠道,在各种场景中全天候、低成本与客户进行联系。

3. 人格明确

电商品牌需要人格化,而网红不需要,因为他们本身就是真实人物,具有明确的人格,可以让人与人之间产生充分的共鸣。网红引流已经不再局限于传播简化的核心要素,通过多元化、多角度互动,完全可以传递多种复杂的信息。

4. 重构商业要素

在运用传统引流手段时，要充分考虑广告、品牌、营销、客户等多方因素。而优秀网红能以一己之力，将原本割裂的研发、生产、销售等环节，有机融合在一起。

例如，当网红向潜在客户推荐衣服时，会推荐衣服的面料、工艺、穿着时间与场合等。这种引流方式推荐的就并非单独的产品，而是完整链接，能够形成强大的客户黏性。

8.10.2 活动规划

在网红引流活动中，活动规划的价值至关重要。好的规划内容不仅能用于产品推荐，更可以帮助网红尽快获得足够多的粉丝流量。

1. 明确形式

活动应充分考虑网红本人、目标客户、微博账号、团队资源等多方特点来设计形式。

活动形式可以是化妆、卸妆、健身、旅游、烹饪、试衣、逛街等文化娱乐活动，也可以是现场生产、制作等活动，还可以是知识普及、产品体验等活动。

2. 设计语言

通过活动规划，还可以为"网红"打造具体的语言表述内容。语言风格应"接地气"，有强烈的互动性，能在最短时间缩短和目标客户的心理距离。

在引流语言中，不能总是围着产品和品牌进行表述，还应适当加入个人体验感受，也可以是对微博好友的嘘寒问暖、心灵鼓励等。

3. 情感联系

网红应在活动规划的指导下，每隔一段时间抽一次奖，或者为微博好友赠送小礼物，让他们感受到诚意。有了充分的互动后，双方之间就不只是单纯的营销关系，而是类似明星与粉丝之间的稳定联系。

4. 节奏掌控

活动规划应重在掌控引流节奏。

例如，在推荐特定产品之前，应该利用网红的自身优势，结合所要营销的产品提前发布配图和文字，加以预热。可以采用九宫格图片加网址链接的做法，发布微博后直达粉丝手机，粉丝就能在第一时间看到产品信息并加以点击。

第9章 社群引流：场景中留住粉丝的最佳方式

在传统经济时代，企业努力发展线下门店，接触目标人群，搭建产品体验场景，进行实地营销。而在移动互联网时代，营销不再有空间限制，目标客户也无须走出家门，只用点击鼠标或滑动屏幕即可了解信息。传统的营销场景逐渐失去原有的吸引力，电商企业有必要建立网络社群营销体系，让客户变成粉丝，持续不断地留在各种体验场景中。

9.1 如何拥有 1000 个微信群

社群引流的利器是微信群。运营方拥有越多的成熟微信群，引流的速度越快、获取的客户群体越精准。

在电商界，一个运营团队同时拥有上千个微信群进行引流并不稀奇。但究竟如何做到呢？

9.1.1 加群

1. 引流实例

某电商打算开始一个引流项目，方式是通过微信群吸引关注，具体步骤如下。

（1）在微信群发布一些精彩的欧洲篮球比赛视频（视频结尾处加入彩蛋和字幕，引导客户进微信公众号观看更多），并附带微信公众号水印（关注公众号×××，免费加视频群）。

（2）引导客户公众号。在微信公众号中通过进一步引流，让客户添加电商客服的个人微信号。

（3）通过要求转发视频获取福利实现裂变。

2. 关键步骤

该项目最关键的步骤，在于找到聚集了篮球爱好者的微信群。为此，该电商企业采用以下技巧。

（1）登录 https://weixin.sogou.com/，搜索相关关键词。

（2）输入"篮球 加群"字眼，搜索结果如图 9-1 所示。

第 9 章 社群引流：场景中留住粉丝的最佳方式

图 9-1 利用搜狗微信搜索"篮球 加群"

如图 9-1 所示，搜索"篮球 加群"这一关键词，产生了四百余条搜索结果。加上其他关键词的搜索结果，就能得到更多的微信群信息。如果将搜索范围扩大到"体育 加群""美职篮 加群"等，所能加的微信群就更多了。

（3）该电商采用同样的关键词方式，分别进入了豆瓣、微博进行搜索，获得了更多可以进入的真实微信群。

通过以上三个步骤，该电商在短短十余天就进入了上千个微信群，成功完成了引流的关键初始步骤。

当然，如果搜索得出的群数量无法满足需求，也可以在淘宝上搜索相应关键词，通过低廉的经济成本购买大量的群。虽然这些群本身质量不佳，多数都是营销群，但完全可以通过与他人交换，获得想要进入的群。

9.1.2 养群

运营方进入新群后，应尽快将群成员引导至自建微信群内，可采取的技巧如下。

1. "解散"

直接在该群内喊话："@所有人，本群即将解散，请所有成员加我进新群。"这种喊话方式尤其适用于群成员彼此并不熟悉、没有明确核心群成员的微信群。

2. 福利吸引

用福利展示来吸引群成员添加自己为好友，如"朋友圈送最新营销材料""加好友发红包"等。这些方法能够吸引到部分群友，但缺点在于无法精确鉴别。

也可以将新群二维码同福利结合在一起，制作出引流海报。通过展示引流海报，在分享福利的同时，吸引目标人群主动进群。

3. 群分类

在拥有上百个甚至上千个微信群之后，分类成为必不可少的管理工作。电商应该对加入或组建的微信群进行必要分类，可按照群成员的地域、行业、年龄、消费能力等特点划分，也可按群成员的性别、职业等特点进行划分。

4. 群管理

在自建微信群中，难免会出现新的"搅局者"试图发布营销广告、拦截流量等。电商领导者应视具体情况来进行处理。如果该群本身质量不佳，有待清理和提升，可以选择无视。但如果是在质量较高、关系密切的群里，这种做法很容易破坏气氛、干扰正常的互动。此时，就需要定期移除发布广告、破坏秩序的群成员。

9.2 社群粉丝如何才能更精准

普通人手机中的 QQ 群、微信群越来越多。电商又应如何玩转社群，让自建的社群粉丝更为精准？作为白酒企业中的"另类"，江小白的社群引流操作能够为我们带来足够的启示。

与传统白酒企业采用重金广告的方式进行引流不同，江小白擅长利用社群引流，用标签的解读和应用来精准定位客户。从成立以来，江小白每年都坚持在线上发布"约酒"大会活动邀请。每次"约酒"大会前后，粉丝们都会聚集在微信群、微博群和 QQ 群中进行讨论、商议和自由聊天。当情绪酝酿充分后，再在线下的酒杯碰撞声中完成盛大的派对。通过这样的线上线下活动，江小白形成了独特的社群文化，不断用情感引导新的精准流量加入消费群体中。

以此为借鉴，电商可以找到用社群进行精准引流的方法。

9.2.1 精准推送

为了让社群有精准的成员，在引流过程中电商应进行精准推送。可以根据目标客户的地理位置、认知渠道、活跃度等因素进行分类，也可参考大数据，提炼终端客户的需求和使用场景来进行区分。分类后，对不同引流目标推送不同的内容，提高消息准确性和匹配度。

精准推送的主要标准包括 5R、4M 两大体系。

1. 5R

5R 分别是最精准的客户对象、最合理的场景、最恰当的时间、最正确的推送方式和最精准的内容，如图 9-2 所示。

图 9-2 5R

2. 4M

4M 分别指减少干扰、提高效率、更多用户和更多个性化因素，如图 9-3 所示。

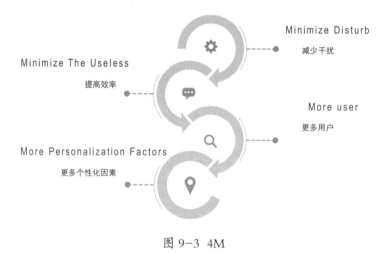

图 9-3 4M

9.2.2 精准主题

在没有形成精准主题之前，电商不应盲目创建社群。为了保证成员的精准性，电商必须能用数个词描述出社群将如何解决成员的何种痛点。

对江小白而言，这些词是"文艺""青年""喝小酒"。他们确定了主题关键词并加以长期维护，因而也就赋予了成员共同的身份标签，从而用社群牢固地将他们"圈"在一起。

红包引流方式，曾经为社群引流构建出虚假的狂热场景。利用红包，短时间内社群成员数量暴增、活跃度暴涨，无数新成员通过各种渠道进入社群，意图加入激烈的"抢红包"中。但红包属于"弱吸引力"，并不能真正赋予成员特别的标签。如果只是依靠单一的发红包来刺激新成员加入、扩大社群，这样的社群不仅会失去精准度，最终也会失去生命力。

9.2.3 精准运营

建立精准主题只是第一步，对主题进行精准运营，才能长期将粉丝留在社群中。自从小米通过社群精准运营，将粉丝模式做得风生水起后，许多企业才明白社群运营从引流到推广、销售都有非常重要的意义，其中有以下几个关键点。

1. 捆绑核心价值

想要精准运营，就要维护核心价值定位。核心价值是整个社群生存发展的基础，也是社群运营的目标导向和定位。

例如，一家线上经营乐器的淘宝店，想要建立音乐爱好者社群。然而，社群并不意味着流量，全网运营乐器社群的机构数不胜数，为什么爱好者需要关注这家店铺的社群？是因为该社群有优秀的教师、优质的同学，还是有性价比很高的售后服务？这个社群究竟与其他社群有什么不同，才是店铺应该思考的问题。

几乎所有成功的社群都始终将核心价值与自身产品联系起来。小米的社群永远围绕手机玩法，不断吸引手机狂热爱好者。罗辑思维等社群永远围绕知识学习，不断吸引追求自我提升的人群。无论产品与服务是怎样的，都要将之同社群核心价值捆绑，以此吸引并留住群成员。

2. 有效引导

不少电商抱着要做专业社群的美好愿望，但最终建立的社群要么无人问津，沦为人们口中的"死群"，要么变成纯粹的聊天群，导致精准社群成员纷纷流失。

上述现象，与群内缺乏有效引导密切相关。社群经营团队应意识到，真正成熟的社群应该是弱中心化而不是去中心化的，必须采用必要手段进行精准引导。

（1）规则引导。

社群需要相应的规则和规范才能长久活跃，不然就会形同散沙。

制定规则时，需要对社群的成员出入设立筛选机制，不因成员的加入和离开而破坏之前的规则；需要对社群内部行为规范进行统一，这种统一并非只体现在文字上，更多应体现在文化的共识上。

规则约束外，群内运作机制在日常事务管理中十分重要。

为了让社群成员保持活跃，一定的激励机制、角色分工都能让群成员在事务处理中各司其职，保证社群规范化运作。在良好规则及运作机制的共同作用下，管理员进行管理也会更加省力，让社群成员更加信服。

（2）人工引导。

除了规则约束，管理员的人工引导也非常必要。许多人都有类似体会：在社群中，不良言论的影响力远远大于对品牌价值的认可与支持。因此，危机公关和言论引导等动作在社群的管理中十分重要。如果将社群发展看成正在前进的火车，那么管理员就是司机，他们需要不断修正前进方向，确保火车驶向正确的目的地。

人工引导并非仅限于管理员。成熟而活跃的社群群体大都拥有领袖式成员，此类成员通常是早期核心成员，拥有较强的表达欲望，相对其他成员也拥有较大的话语权。他们对于社群的拉动和引导作用很大。在利用社群进行引流时，管理员应该积极联合拉拢这类意见领袖，让他们成为积极范例，确保社群不偏离最初的定位及主题轨道。

领袖成员的行为特征很大程度上决定了社群成员的共同特征。社群成员对领袖成员的信任态度，也体现出其对产品和品牌的信任。

（3）活动引导。

社群的活跃度需要活动运营加以刺激。组织社群活动，不仅能宣传拉新、增强成员黏性、激活活跃度，还能引导群成员认识主题、积极表现。

例如，在活动的预热和进行期间，群内的讨论话题和日常交流大多会以活动内容为中心。此时，表现活跃的社群成员，就是进一步营销的精准对象。

3. 规模控制

邓巴定律指出，人类智力的平均水平允许人类拥有的稳定社交网络人数只有150人。

企业运营的社群规模在50人以下时，群内的交互将频繁直接，具有深度，即便没有多少活动刺激，成员就感兴趣的话题进行自发互动。处于这一阶段的社群，是半熟人社交模式。

当社群规模超过50人时，就需要强有力的规则引导和活动刺激，否则凝聚力将会大大消退。由于群成员之间缺乏熟悉感，彼此沟通的频率将会降低，社群将会成为半陌生人分享模式。

对社群规模的控制，主要应结合社群所处的阶段进行。社群有自身的成长周期，如果不控制规模，社群将永远处于为新人用户服务的阶段，交流的信息也永远是肤浅而初级的。虽然这类社群在产品售后服务和咨询上很重要，但如果只有这类社群，就会导致资深用户的沉默，难以精准筛选忠实客户。

企业需要通过对手中社群规模的层次化管理，沉淀核心客户等重点引流对象，这是社群精细运作和价值提炼的必经之路。

9.3 如何激活社群，让粉丝更活跃

在群里发布话题，犹如石沉大海；发完红包，一阵哄抢后，依然鸦雀无声……为了避免这样的尴尬局面，电商需要学习如何激活社群，让粉丝活跃起来。

9.3.1 明确工具性

能够保持高人气的社群，都具有一定程度上的工具特性，即群成员利用该社群，能够解决实际痛点。

某微商服务企业组建了"微商好文群"。该群大多数时间不允许随便发言，对随意发言、发链接的成员实时移出。允许发布的是阅读量达到5万以上的优秀微商软文。在这样的社群中，成员能持续得到免费的营销文案模板，解决了很多实际问题。

因此，组建引流社群不是"带一群人玩"，而是"带一群人解决麻烦"。将社群定义为帮助客户的工具，成员才可能经常点开社群看一看。当社群确实"有用"时，品牌才会真正"有名"。

9.3.2 赋予新价值

群成员进入社群获得福利后，如果无法发现新价值，社群对他们而言就失去了吸引力。想要激活社群，运营方就应不断提供新价值。这样，群成员会认为该社群是能够持续发挥作用的，他们就会因此形成依赖与归属感，增强彼此间的连接。

群管理应不断对群成员遇到的问题进行专业性指导。通过运营服务人员一对一的沟通服务方式，了解群成员的想法，更新其需求。此外，还可以多分享实际案例，

引发关注和讨论，增强群内活跃气氛。

下面这些具体做法，可以使社群产生新的价值。

（1）根据群主题，定期举办线下活动。

（2）提倡共享，经过群管理审核后的资源可以在群内发布。

（3）通过企业或个人关系，邀请资深人士在群内分享和交流。

（4）定期对不活跃者进行问卷调查，听取反馈和建议，然后有针对性地进行内容调整。

（5）每隔一段时间就搜集新进群成员的信息。对于比较优秀的成员，可以邀请他们分享各自擅长领域的相关内容，培养种子客户。

9.3.3 分层化运营

用完全相同的运营方式去对待每个群成员，显然是行不通的。只有让群成员有了分层，彼此流动，社群才能活跃起来，如图9-4所示。

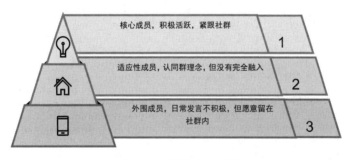

图9-4 社群层级划分

1. 外围成员

外围成员通常处于观望状态。如果强行向他们宣传产品或进行引流，很容易引起他们反感。运营方可以添加他们的私人社交账号，利用QQ空间、微信朋友圈或微博进行营销，通过沟通来寻找外围成员的痛点，实现转化。

2. 适应性成员

社群开展讨论时，他们可能会加入进来，但并不会扮演主角。对他们的管理策略应该是主动了解和带动，以情感消除隔阂、增强互动频率，提高他们的归属感和信任感。

3. 核心成员

对核心成员应该进行重点培养，包括树立威信、推动成长等，尽量将他们打造成为社群的意见领袖。

9.4 如何管理社群运营团队

管理好社群运营团队，可以让社群引流更高效。

9.4.1 运营团队层级化

移动互联网社群管理的优势在于能够打破时空限制。为此，电商可以将运营团队单独拉入小社群，日常保持沟通，甚至可以利用碎片时间形成重要决策。

社群运营团队应分为 3 级，如图 9-5 所示。

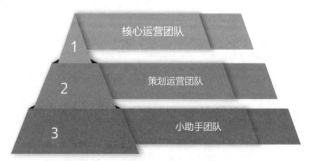

图 9-5 社群运营团队层级

1. 核心运营团队

核心运营团队主要是社群发起者和组织者即电商运营者。引流效果和社群发展息息相关，因此，社群的运营模式应该首先在这个团队内达成一致。

核心运营团队通常是全职，他们对社群的品牌和口碑负有全部责任。

2. 策划运营团队

策划运营团队应从社群核心活跃成员中选拔、考察后挑选出。他们可以是全职，也可以是兼职，但应充分认同社群的价值观，具有充分的影响力。

策划运营团队的主要工作任务是有效衔接策划和执行，对核心运营团队的设想提出反馈意见，并形成具体方案。

3. 小助手团队

小助手团队主要由对社群认同的活跃成员组成，基本上都以兼职为主。他们无须参与社群管理，但应具备一定的特长，可以利用各自的碎片化时间来负责不同的环节，比如监督群成员"打卡"、分发链接等。

9.4.2 提升管理积极性

经过一段时间的工作后，社群运营团队的积极性可能会因为种种情况而出现下降的现象。对此，电商创业者应着手分析原因并加以解决。

1. 原因分析

运营团队积极性下降的主要原因如下。

（1）缺乏时间。除了少数全职人员外，大部分团队成员可能都是兼职，在时间分配上往往会顾此失彼。

（2）缺乏成就感。许多团队成员的名字连海报都无法登上，甚至群成员都不知道他们的贡献。

（3）失去斗志。当社群运营一段时间后，群内讨论氛围不佳、群成员不够积极，都会让团队成员失去斗志。

（4）缺乏激励。社群成员参与运营的目的不同。有的人希望能获得经验，有的人希望能够交到朋友，也有人单纯想要打造个人品牌。如果无法达到个人目的，成员就有可能失去积极性。

2. 解决方法

（1）找准合适的核心运营成员。他们应该有一定的时间、有运营天赋、愿意为了实现目标而等待。

（2）适当授权，让社群运营成员获得真正的锻炼。制定专属的运营团队节日，共同庆祝。对团队成员的个人生日和纪念日，应给予红包或福利问候。不定期地进行闲聊、线下面谈。当成员有困难时，应集体给予真诚的帮助。

（3）精神鼓励。如果社群氛围不佳，运营团队主要领导者应组织成员在公开、平等的气氛下进行讨论，鼓励成员提出的观点。

（4）充分激励。根据不同成员各自的需求，给予不同激励。可以介绍群友，也可以互推和曝光品牌，或者给予物质上的奖励等。

9.5 如何定位场景化社群

场景化社群运营，离不开内容分享。在建立场景化社群之前，电商必须通过多个维度确认社群性质，再选择对应内容。

可以通过六大维度确定社群性质，如图9-6所示。

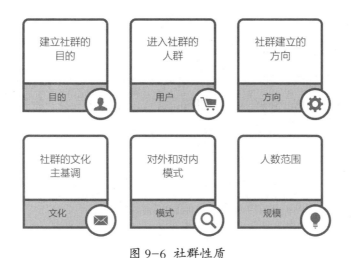

图 9-6 社群性质

1. 目的

建立社群的目的主要包括如下几种。

（1）获取新客户。

（2）转化新老客户。

（3）维护老客户。

（4）树立品牌形象。

这四大目的可交叉也可重叠，但必须突出侧重点。这样，才能确定引流内容的生产方向。

2. 用户

对社群用户进行定位，能更好地生产场景内容。

（1）人口属性，包括年龄、性别、身高、地域、学历、收入和教育等。

（2）兴趣偏好，比如购物、游戏、体育等。

（3）行为习惯，包括运动、旅游、饮食起居等。

（4）社会属性，包括社会职务、婚姻状况、住房、车辆、社交关系等。

（5）心理属性，如生活方式、个性、需求动机、价值观、人生态度等。

3. 方向

社群建立的主要方向如下。

（1）社交型社群，侧重社交场景，如交友、相亲等。

（2）人格型社群，社群围绕意见领袖、行业专家中的标杆人物而存在。

（3）产品型社群。基于产品建立的爱好者社群。

（4）知识型社群。以求知为目的组建的社群。

（5）兴趣型社群。基于健身、音乐、阅读等共同兴趣爱好而建立的社群。

（6）品牌型社群。以宣传和扩大品牌为主的社群。

4. 文化

只有确定了整个社群的主要文化基调，方能聚集"三观"一致的人。为此，运营者可以在群公告中向入群者说明文化基调和基本规则。在用户进群后，也可以通过欢迎仪式等场景，让他们表达加群个人愿景，包括在社群中能够提供哪些价值、想要获得哪些价值，由此判断新用户的价值观是否与整个群的文化基调一致。

整个社群建立了统一明确的文化基调，才会形成独特的场景来满足群成员的需求，完善群内容建设。

5. 模式

社群模式主要包括两大方向。

（1）对外模式，包括以何种方式扩张、如何带来源源不断的流量。

（2）对内模式，包括以何种管理模式去运营和活跃社群，让社群维系良好的活跃状态。

6. 规模

确定社群的具体规模，可以采用以下两种方式。

（1）小规模。整个社群在150人以内，达到规模即停止扩张，确保社群的高转化率、高黏性。

（2）大规模。无限扩张，每个群满500人后再开设新群，目标是形成大规模覆盖。

9.6 社群如何设置利于引流的机制

没有足够的社群成员就没有流量,所谓的扩张、裂变也就无从谈起。除了常见的红包、资料等引流机制外,社群还应拥有效果更持久的引流体系。

9.6.1 奖励引流机制

利用奖励机制,可以在短短数天内顺利引流上千人,完成社群的初始启动。下面是一个成功案例。

某宝妈社群经过研讨之后,决定采用最简单直接的奖励引流形式。这一形式的特点在于多层级,每拉5位宝妈进群的成员,即可在三种奖励中任选一种领取,奖品内容为:5片宝宝纸尿裤试用装、价值128元的防晒喷雾一瓶、6.66元红包一个。

想要领取上述奖励,必须要在微信好友中添加群主。实际上,几乎所有添加了群主的群成员,都选择了防晒喷雾,因为它看上去最超值。通过这种多层级奖励的比较,群成员获得了强烈的心理暗示,为了获取高价值的奖励,她们会定向邀请宝妈好友加入,这样就保证了用户的精准度,同时也处理了一批防晒喷雾产品。

9.6.2 朋友圈引流机制

每个人都有各自的人际关系网络。利用群成员的朋友圈进行分享,能够做到针对某一类型人群进行精准引流。

社群可以采用转发审核机制,即要求新成员在入群的前24小时,转发宣传推广本群的朋友圈截图,将每个入群新成员变成社群流量的入口。为此,社群应提前为新成员准备好朋友圈宣传材料,可以是分享海报,也可以是二维码,便于操作即可。

不过，直截了当地发布朋友圈进行宣传介绍，显得过于简单直接。即便新人是因为朋友面子而扫码进群，也很难真正对群内容产生兴趣。这种情况促成了技能提升引流机制的出现。

9.6.3 技能提升引流机制

如今，在朋友圈分享技能提升社群二维码的人越来越多，各种"训练营"数不胜数，包括烹饪类、办公软件类、英语类、写作类、健身类等。实际上，这些"训练营"的宣传背后，很可能是电商的社群引流策略。

电商可以通过下列策略进行类似引流。

（1）制作二维码海报，引导新用户扫描并进入审核群。

（2）进群后，管理员发布进群的规则和条件，条件就是转发朋友圈到其他社群。在发布时，应强调不允许设置"屏蔽"和"秒删"，需要在发布数小时之后再截图上交。

（3）新成员发布成功后进行截图，发布到审核群内。

（4）管理员将通过审核的新成员拉入正式学习群。

通过技能提升引流机制，整个社群可以分为不同"年级"和"班级"，犹如一所大学，每个阶段都会有人毕业退出、也有新人进入。这样，就能持续不断地获得新流量。

社群引流机制必须充分灵活，要根据不同情况采用不同方法。每一种社群成员都有自身需求，最高效的机制就在于能最快描绘出"找出需求、设置条件、诱导转发、价值包装"的流程，并将之运用在大多数成员身上。这样，引流就不再是难题。

9.7 社群裂变的策略与技巧

裂变，是指在合适的场景下，针对特定的社群，利用已有的社群结构，发布具有传播力的内容，进行人与人的连接，实现信息的迅速传播和有效扩散。

通过裂变，社群内部的用户黏性会转化为朝向外部的裂变力量，使社群流量产生突破。

9.7.1 裂变的出发点

推动社群裂变之前，必须充分研讨社群的调性。社群管理者要思考，建立和扩大社群的目的是什么、想要吸引进入社群的人员是谁，这些都会成为裂变的基础。

社群裂变的出发点如图 9-7 所示。

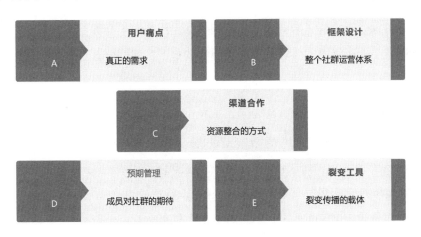

图 9-7 社群裂变的出发点

（1）用户痛点。找准群成员最需要解决的问题，发现其真正的需求。

（2）框架设计。对群成员的需求有一定了解后，搭建整个社群运营体系。在零资源的前提下，将社群看作平台进行框架设计。

（3）渠道合作。寻找与本方目标客户群相同的合作方，可以是产品不同、商业模式不同的跨界合作，也可以是同一产品产业链上下游的合作。

（4）预期管理。设计好裂变框架后，对客户预期进行管理。积极塑造场景感，利用故事、文案、图片、视频和其他奖励，调动客户加入社群的愿望。

（5）裂变工具。利用各种网络平台的裂变工具进行实际操作。其中常见的裂变工具如千聊的任务宝、荔枝微课平台的群裂变等。结合这些平台工具，还可以通过赠票、优惠券、活动海报、邀请函等形式，满足客户在社交工具上展示自身形象的需求。

9.7.2 裂变的思维

社群裂变策略的底层思维有以下两种。

1. 场景化思维

充分研判整个社群所指向的产品和服务，在什么时候会被使用、在什么情况下会被传播、在什么环境中会被批评。更重要的是，在遇到什么难题时，目标人群想要加入社群并开展互动。

2. 鱼饵思维

想要让社群迅速裂变，就要设计合适的裂变鱼饵，鱼饵需要具备以下特点。

（1）低成本。鱼饵可以是实物，赠送方式可以是引流到实体店领取，或者发送快递。如果客户足够精准、数量足够多，还可以将鱼饵的成本传递给广告商等。

（2）高价值。鱼饵最好还能具有长期价值，比如一套电子资料、一套音频课程等。其特点在于可复制、无物流成本，同时看起来还很有价值。当然，这样的鱼饵必须和群内实际引导的产品有关联。

9.7.3 裂变步骤

社群裂变过程中，运营者需要做哪些工作？其步骤如下。

1. 鱼饵确定

根据客户需求确定鱼饵。鱼饵应具有三大特点。

（1）客户真实想要的。

（2）与自身或者企业定位密切相关的。

（3）市场上难以获取的。

2. 裂变流程与规则

裂变流程的设计应该以最终想要达成的目标作为落脚点。围绕流程中可能出现的问题，设计相应的规则。

3. 海报准备

裂变活动中，分享海报是不可或缺的环节。运营方应该提前制作海报，用于引流传播活动。

一张成功的裂变海报应包含六大要素。如图 9-8 所示。

图 9-8 裂变海报内容要素

标题、内容大纲和紧迫感是必不可少的内容，成员身份、信任背书和额外价值则能让海报更加出彩。

海报的文案设计，应围绕必备内容进行，提前准备好 3~5 个版本的海报，便于社群成员根据各自特点选择。

设计海报应遵循的原则如下。

（1）标题大小应确保在朋友圈或微信群内的清晰度，且不需要点击放大图片，通过预览就能一目了然。

（2）准确提炼活动内容，文案能够直接戳中客户痛点。

（3）利用时间、地域、成员数量等要素，制造紧迫感和稀缺性。

4. 渠道准备

推广渠道的质量直接决定社群裂变活动的覆盖面。渠道越广，活动传播效果就越好，参与的人数就越多。

启动裂变的渠道可以是朋友圈、社群、新媒体矩阵、意见领袖等。在开始裂变之前，不要将所有渠道全部列入计划中。要懂得在裂变过程中不断进行低成本尝试，根据测试到的实时数据反馈，不断进行优化调整，最终确定以某个渠道为主。

例如，"薪人薪事"以高质量的微信公众号将用户引流到社群中。其旗下的微信公众号不断抓取热点、吸引粉丝，然后在公众号底部引导粉丝分别加入各个省区的"分舵"。

"会计学堂"则以小程序为主要入口。在"会计问"小程序中，有不同行业、不同省区、不同考证类型的社群，每个程序入口都能够将不同用户引流至其需要的社群。这样，小程序就自带了裂变属性。

当然，裂变渠道也可以采用矩阵形式。

某电商自行制作了名为"黑卡"的落地页，整合了客户感兴趣的各种上下游权益，包括免费课程、提问机会、线下讲座、学习课程等，同时会不断更新内容。客户需要邀请三个人加入社群并扫码之后才能领取。在加入社群的同时，就激活了"黑卡"的所有权益。

利用"黑卡"，该社群搭建了裂变引流矩阵。在"黑卡"页面中，有社群和小程序的扫码入口。在公众号和小程序底部，有"黑卡"的入口。这样，该电商的整个微信生态圈就结合了公众号、小程序、社群、微信个人号等形式，形成了完整的闭环引流矩阵。该电商在零成本的推广情况下，已经获得了将近10万人的流量。

渠道选择应根据社群属性和定位,做到因人而异。其共同原则是借助优质内容来扩大渠道影响,再以渠道的丰富性或垂直化来推广优质内容,最终实现裂变范围的拓展与扩大。

第10章 自媒体引流：如何让你的引流信息霸屏

移动互联网时代，人人都能打造自媒体。但残酷的真相在于成功霸屏的自媒体，永远都是少数。电商企业想利用自媒体引流，更现实的做法是从最基本的开始做起，对主流自媒体账号加以熟悉和了解，打造出本企业的自媒体引流矩阵，对流量阵地寸土必争。

10.1 自媒体平台选择技巧

人的精力和时间都是有限的,"广撒鱼、多捕捞"的传统思想,在信息爆炸的移动互联网时代无法成功。电商开始利用自媒体进行引流时,必须先选择一个或几个"主战场",利用其平台定位和用户的高度契合,在短时间内获得较快的增长。随后,再以一个平台上的成功,带动其他平台的发展。

表 10-1 是部分主流自媒体平台的特点对比。

表 10-1 部分自媒体平台特点对比

自媒体	主要用户	推荐机制	突出因素	开通难度	广告收益
头条号	社会人群	系统推荐	流量、收益	中	有
微信公众号	广泛	闭环、转载	个性化	低	有
搜狐号	社会人群	编辑推荐	品牌曝光	高	有
企鹅号	青年	系统推荐	流量、收益	中	有
大鱼号	社会人群	系统推荐	流量、收益	中	有
百家号	社会人群	系统推荐	流量、收益	高	有
知乎	IT 人士、中青年	编辑推荐	品牌曝光	低	有
豆瓣	都市青年	编辑推荐	品牌曝光	低	无
简书	都市青年	编辑推荐	品牌曝光	低	无
Bilibili	学生、青年	编辑推荐	品牌曝光	低	无

对上述平台进行选择时,应挑选对比的要素如下。

1. 主要用户

不同平台的用户主体人群不同，这是挑选平台的重要指标。

同样是"鸡汤文"，简书和豆瓣用户可能会对考试、就业过程中的奋斗故事感兴趣，但头条号的用户却可能不以为然。

2. 推荐方式

（1）算法推荐。

以系统推荐为主的自媒体平台通常依靠算法来进行推荐。即首先推荐一部分内容给可能感兴趣的用户，如果打开率、点赞率、评论率较高，系统就会进一步推荐给更多用户。反之，则可能石沉大海。

今日头条和抖音都隶属于字节跳动公司，属于由算法主导的典型平台。在这类平台上，自媒体内容所选用的标题非常重要。头条号作者达到一定条件还可以开通"双标"功能，系统会根据第一批用户的反馈数据，自动选择点击率较高的标题进行推广。因此，即便是内容接近的文章，阅读量都可能相差数十万。

（2）人工推荐。

以编辑推荐为主的自媒体平台更多看重文章的内容水准。例如，在简书和豆瓣上，优质文章不仅会得到推荐，还可能受到出书邀请、书评邀请，成为平台的签约作者，有利于个人和企业品牌的打造。

选择自媒体平台应针对引流目的有所取舍。通常而言，想要在短时间内获得大量新粉丝的关注，可以选择以系统算法进行推荐的平台。想要逐步积累忠实粉丝、形成品牌价值，可以选择编辑推荐的平台。

10.2 自媒体内容与粉丝定位策略

利用自媒体进行引流，既要围绕引流目的，也要体现"自"的特征。自媒体平台的使用者多如繁星，有的人只是为了好玩，有的人则是为了提升能力，还有的人是为了变现赚钱。电商企业想要做好自媒体，就要找到最适合粉丝的内容领域进行定位。

10.2.1 自媒体定位规划

自媒体平台信息浩瀚、选择众多，有很多热门领域，也会有不少作者在追捧热点的过程中突然走红。但如果电商企业只看到这些，就会陷入盲目跟风而不能自拔。更何况，热门领域即便流量巨大，如果缺乏具有对应能力的作者，引流就会遇到困难。因此，与其盲目追捧热点，不如把握现有资源，进行准确定位。

1. 发挥所长

选择团队或个人最擅长的领域生产内容。企业在经营过程中侧重的研发技能、积累的专业人才、开发的营销渠道、经历过的趣闻故事等，都可以作为内容选题。利用这些优势来生产自媒体内容，不仅保证了内容的持续输出，还能达到超越竞争者的效果。

2. 提供价值

自媒体内容应该为其读者提供价值，电商企业面对客户也同样如此。运营者需要将产品与服务的价值，同自媒体内容的价值，进行充分整合，形成更深层次的长远价值。

电商自媒体与个人朋友圈截然不同，并不侧重于情绪、体验和经历的记录与表达，而是在于为读者服务。打造对读者真正有用的内容,才能被读者接受,并形成引流力量。

3. 内容垂直

许多电商无法利用自媒体积极引流,最大的原因在于缺乏垂直内容。

某电商的美妆产品营销团队,着眼于打造明星娱乐内容,希望通过明星动向播报结合产品使用方法进行引流。虽然这一引流总体思路是正确的,但没有继续深挖垂直内容,因为明星数量众多,包括国内、国外、影视界、综艺界、中年、青年等分类,不一而足。

找准更为垂直细分的明星群体(比如韩国明星)去写内容,自媒体平台才会为这家电商带来理想流量。

10.2.2 内容类型

目前,自媒体平台主流的内容类型包含如图 10-1 的 3 种。

图 10-1 自媒体主流内容类型

10.2.3 粉丝定位

粉丝是电商未来的客户。在自媒体引流阶段不对粉丝进行清晰定位,成交空间就难以扩大。

某电商的产品是剃须刀,最初将其自媒体粉丝定位为中青年男性,其自媒体账号大多围绕体育、军事等领域有针对性地发布文章。由于粉丝数量增长较慢,其自媒体团队开始发布一些育儿类文章,理由是"这类文章阅读量很高"。

不久之后,阅读量提升了,但吸引来的可转化粉丝依旧少得可怜。

为了避免这样的错误,需要利用以下方法精准定位粉丝人群。

1. 明确内容的适合人群

明确本企业自媒体内容的适合人群。除找到本企业产品或服务有关内容来源外,还要积极确定与该领域相关的阅读者。

2. 明确年龄段和性别

不同内容领域针对不同年龄和性别的人群。表10-2列举了部分对应关系。

表10-2 粉丝年龄性别定位

内容领域	年龄	性别
健康养生	35岁以上	男、女性
娱乐八卦	20~35岁	女性为主
社会时事	25岁以上	男性为主
体育新闻	20岁以上	男性为主
情感心理	25岁以上	女性为主
科技数码	25~35岁	男性为主
育儿知识	25~35岁	女性为主
时尚搭配	23~35岁	女性为主

结合表 10-2 定位自媒体粉丝,并根据本企业产品和服务的对应目标人群,确定向粉丝提供的个性化内容。

3. 粉丝特点

对粉丝的年龄和性别等画像进行分析后,还应围绕实际情况,描绘其行为特点。

例如,时尚搭配内容的粉丝,通常都以年轻女性为主。这类粉丝无论是其个人素质、经济能力还是消费意愿,都符合服装、美妆等电商的目标客户要求。同时,这类人有着一定的攀比心理,很容易形成社交圈子和意见领袖,并具有强大的品牌传播能力。

除了分析粉丝在消费方面的特点外,电商创业者还应了解粉丝日常的互联网行为偏向与喜好。

例如,上述女性人群日常喜欢刷微博,企业就有必要在微博上打造自媒体进行引流,而不是通过今日头条。相对地,如果目标人群大多习惯通过朋友圈了解信息,就应建立微信公众号矩阵。

10.3 头条号引流技巧

今日头条是相当火爆的新媒体平台。通过头条号引流,能有效帮助电商企业、个人创业者扩大影响力,增加关注度。

头条号引流方式主要包括以下 3 种。

10.3.1　头条号文章引流

目前，头条号不允许在文章内部直接留下个人微信或微信公众号，否则会导致文章无法发布。运营方可以在文章内和阅读者积极互动，引导他们关注你的头条号，例如"关注我，免费送干货"等。

粉丝和电商团队开始互动后，可以通过私信来发布微信号，引导粉丝加自己为好友、领取资料。

可以使用这样的文字模板。

×××领取方式：

（1）点赞＋评论（评论时勾选"同时转发"）。

（2）关注我的头条号（后续会持续不断分享更多好东西）。

（3）私信回复关键字（一定要私信哦~点击我的头像，进入主页面，点击右上角"私信"按钮）。即可免费领取

希望大家多多进行分享、转载，让更多有需要的朋友看到，这样不仅自己得到了帮助，也能帮助其他人，谢谢大家！

10.3.2　评论引流

头条号评论引流分为以下几种。

1. 评论自己的文章

运营者发表了一篇分享文章。此时，如果有粉丝在评论区询问如何具体操作，运营者可以简单回复几句，然后介绍私信方法。随后，就能通过私信，将粉丝引流到微信个人号。

2. 评论他人文章

很多头条号大 V 的文章都有上百万的阅读量，运营者可以抢先在评论区留言和点赞。在头条号机制内，点赞数和回复数越多，排名就越靠前。当评论能曝光在更多读者面前时，就可以实现良好的引流效果。

在评论内容中，不能直接留下联系方式。运营者可以提前写一篇标题包含关键词的文章，然后通过评论引导读者去搜索该文章，这样，真正对内容有需求的精准客户会积极行动产生连接，评论也不会被头条号官方或作者删除。

10.3.3 微头条引流

微头条犹如带上了话题和@功能的"朋友圈"。如果内容符合甚至提前"猜中"热点，很容易获得流量推荐，让大量人群观看并关注电商的引流账号。

10.4 百家号引流技巧

百家号是百度为内容创作者提供的发布平台。电商运营者可以在百家号上发布文章获得关注、收获流量。

10.4.1 软文推广

结合产品特点和优势来撰写文案。可以采用故事形式，也可以结合自身经历，或者以第三方身份进行叙述，最大化突出产品特点，激发读者的好奇心理。

当软文获得一定的阅读量后，进一步回复评论和私信，引导阅读者关注企业微信公众号。

10.4.2 图文引流

为提高百家号用户的阅读体验，平台会优先展示配置了精美图片的文章内容。在配图时，需要注意以下方法。

（1）选用有版权的图片，避免引起纠纷。

（2）避免使用清晰度低的图片。

（3）注意图文内容密切相关。

（4）图片上不应有大幅水印或营销推广信息。

（5）不要使用纯文字、表情包作为大图，这样会降低文章的格调感。

10.4.3 百度系引流

百度百家号整合了百度系其他产品，包括手机百度、搜索、百度新闻、好看等产品，能够让内容同时在多个平台上展示。电商应积极利用，将百家号作为整个百度系内容引流的前沿阵地。

百家号还有诸多特色功能。例如，对点击率、阅读完成率、评论数、分享数和分享路径等指标进行统计分析，可以帮助电商创业者确定更好的内容和分享方式。利用百家号开放推荐模式，可以参与到广泛的个性化内容推荐中。

10.5 一点号引流技巧

一点资讯，是一款基于兴趣为用户提供私人定制精准资讯的手机 App。通过该 App，用户能搜索并订阅任意关键词，并获得聚合整理、实时更新的相关资讯。

一点号采取机器学习和算法推荐机制，根据系统对用户兴趣和品位的识别，提供定制内容，获得更多点击。

10.5.1 一点号注册技巧

（1）打开一点资讯官网（http://www.yidianzixun.com/），然后点击右上方的"一点号"，如图10-2所示。

图 10-2 一点号注册

（2）在弹出的页面上点击"入驻"，随后按要求填写资料。

（3）选择需要注册的一点号类型，通常选择"个人媒体"。

（4）完成个人信息，填好并提交。

（5）通过审核后，完成注册。

10.5.2 内容引流

1. 视频引流

一点号是以资讯类内容出身的平台。随着短视频市场的发展，该平台不断推出原创短视频作品，并鼓励作者提供新的内容。创业电商可以抓住机会，利用短视频推荐机制，快速获取关注度和粉丝数量，让内容更加迅速地到达感兴趣的用户眼前。

上传视频主要在电脑端进行，相对手机端上传而言，效率和质量都会更高一些。在上传短视频内容时，应注意视频大小限制在300M以内。如果原视频超过了最大限制，就需要利用压缩软件对视频进行压缩后再上传。

2. 封面图引流

在一点资讯平台上，视频会按照一定的顺序排列在手机界面中，封面图占据了其中大部分版面。当手机用户浏览视频时，最先看到的会是封面图。封面图越是精彩有趣，就越是会吸引手机用户点击浏览。

上传封面图时，应注意以下几点。

（1）大小限制在5M之内，支持格式为jpg或png。

（2）以人物为主，最好带有夸张的表情和奇特的动作。

（3）利用受众的好奇心，多使用不常见的情境作为图片内容。

（4）也可采用绚丽、美观的画面内容。

（5）封面要与视频内容相符，不应差异过大。

（6）封面的颜色不应太浅，否则会导致视频标题的白色字体无法辨认，影响手机用户对标题的阅读。

3. 标签引流

自媒体引流新手对标签的态度往往比较随意，经常凭借感觉去选择，然后就点击"下一步"。然而，一点资讯等自媒体平台首先会根据内容作者自行发布的标签进行分类，随后才会更准确投放到感兴趣的用户面前。

无论采用何种内容进行引流，标签的作用都相当重要，可以使平台更好地将内容进行归类并精准投放。因此，在设置标签时，引流者需要将标签类别确定得更加垂直、更加精准。

例如，某电商的一篇文章介绍华为品牌手机"双系统"的使用小技巧。如果在设置标签时写上数码、手机，就很难被推送给需求最迫切的读者。但如果在数码、手机这些大类标签之外，再设置华为手机、双系统等标签，引流效果就会有显著提高。

10.6 搜狗号引流技巧

2018年9月,搜狗推出内容开放平台,正式进入内容领域。搜狗号包括个人、媒体、国家机构、企业、其他机构等五种类型的账号。

10.6.1 搜狗号注册

打开 http://mp.sogou.com/login 网页,点击注册,如图10-3所示。

图10-3 搜狗号注册

根据要求填写信息，随后选择具体作者类型和注册信息，即可完成注册。

10.6.2 引流优势

1. 分发渠道丰富

自媒体作者通过搜狗号平台发布内容后，内容能同步覆盖搜狗旗下的一系列分发渠道，包括搜狗搜索、搜狗浏览器、搜狗输入法、今日十大热点、今天要看、搜狗百科等。

2. 平台新

由于搜狗内容平台起步较迟，属于比较新的自媒体平台，因此对作者的各方面限制都会少于同类平台。

10.6.3 引流技巧

搜狗号目前对引流内容限制较少，运营方可以积极开展布局，尽早向站外高效引流。具体技巧如下。

1. 文章开头添加提醒

在阅读文章时，很多客户看不到文章结尾，就会选择中途退出。这样，如运营者在文章结尾留下的微信公众号、微博名、QQ 等引导方式，就难以取得良好效果。

为避免这种情况，运营者可以合理利用规则，在搜狗号文章的开头引入清楚的提醒，如"结尾更加精彩"等语句，使得阅读者有兴趣和耐心"坚持"到最后。

在提醒时，为了引起阅读者注意，不要使用"附录、注意、提醒"等汉字，而是可以用"PS""#""*"这些特殊符号。这些符号在文章中显得较为醒目，很容易调动阅读者的注意力。

2. 提高回复互动频率

搜狗号评论区没有今日头条等平台的人气"鼎盛"，但同样能够体现文章阅读效果。运营方可以抓住平台起步初期的红利，利用评论区频繁互动，提前收获大批早期粉丝。

回复互动的技巧如下。

（1）对于赞扬的评论，运营者应给予支持和鼓励，并组织人员进行点赞收藏。

（2）对于负面评论，运营者不应不予理睬甚至恶言相向，而是应该回复"谢谢评论"等内容，甚至可以利用幽默搞笑的方式来"自黑"，体现运营者的宽广胸襟和娱乐精神。

（3）评论中可以进行广告推送，但不适合采用直接重复的广告语，避免让营销宣传表现得太过直接。

3. 图片水印引流

在成熟的自媒体平台上，通常不适宜使用文章图片水印进行引流。但目前搜狗号对水印的限制不算太严格，可利用这一时机进行操作。

图片水印引流可以采用下列做法。

（1）利用抓图或 PS 软件，为文章需要添加的图片加上水印。

（2）使用微信公众号等平台自带的图片水印设置。

（3）使用 Windows 系统自带的画图板程序，为图片加上水印。

10.7 豆瓣号引流技巧

豆瓣作为传统平台网站，引流效果强大。平台重点经营的影评、音乐、读书等领域，常年吸引大批粉丝，也是新兴电商引流的重要途径。

10.7.1 关注小组引流

（1）登录豆瓣，选择小组选项，如图 10-4 所示。

（2）在小组分类中选择和本企业产品或服务类型相关的类别。

服装、化妆品营销，可以选择时尚主题。家居用品营销，可以选择生活主题。数码产品营销，可以选择科技主题。

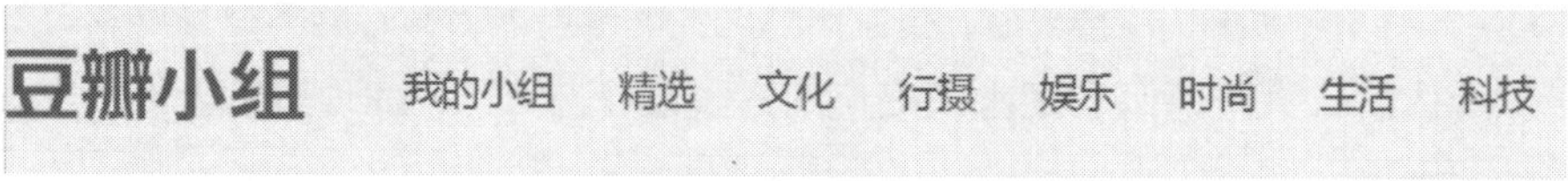

豆瓣小组　　我的小组　　精选　　文化　　行摄　　娱乐　　时尚　　生活　　科技

图 10-4　豆瓣小组

（3）点击小组，在热门小组中，选择参与者较多的小组加入。

（4）点击"我的小组"，选择并打开所加入小组的主页。

（5）在小组内发布内容，实施引流。

① 在小组发布内容时，可以按照自媒体的思路进行引流。根据小组主题，将搜集和总结到的行业干货、软文，或者优秀的言论、文章，附上联系方式和邀请"诱饵"，发布在小组内。如果能够成功引发组员的兴趣，他们就会进一步联系你成为好友。

② 在豆瓣小组发布内容，可以直接贴上个人微信二维码。

10.7.2　创建小组引流

创建豆瓣小组，与创建 QQ 群、微信群的引流模式相似，其差异在于豆瓣号引流的范围相对更小、目标群体更为集中。利用创建豆瓣小组模式，豆瓣号发表内容限制也大为减少。

（1）注册豆瓣账号满 30 天，便有资格申请创建小组。

（2）点击豆瓣"小组主页"，在右侧找到"申请创建小组"选项。

（3）进入申请页面，开始创建小组。

（4）填写小组名称和介绍信息，设置小组头像，并将小组属性设置为"公开"，便于粉丝搜索加入。

需要注意以下两点。

① 为小组取名时,应注意小组名称必须能精准体现内容分类。比如"我爱玩手机""滑板鞋一起来"等,对这些产品感兴趣的豆瓣用户,很容易主动搜索到信息并加入小组。

② 小组介绍信息应让成员感受到运营者的关心和友好,而不是强行推送广告。

10.7.3 豆瓣同城引流

豆瓣首页的"同城"项目,提供豆瓣用户线下集会的功能。每个用户都能够创建同城活动,活动的类别有十余个,分别对应不同的产品和服务,如图 10-5 所示。

图 10-5 豆瓣同城活动设置

希望吸引年轻群体的电商,可以利用同城音乐、电影、公益、交友、旅游等线下活动,聚集本地流量。

在发布活动时，运营方作为发起人，可以在同城活动的特别说明中，留下自己的联系方式，并写下邀请用语如"扫码添加我微信，拉你进活动群！"

10.8 搜狐号引流技巧

作为搜狐打造的自媒体内容发布平台，搜狐号集中了搜狐网、手机搜狐网和搜狐新闻客户端三方面资源。在搜狐号上发布的文章，上述三大平台会同步显示。同时，搜狐号在百度、搜狗、360等搜索引擎上占有很高比重，文章内容收录快、曝光率高，优势明显。

10.8.1 账号注册

电商想要在自媒体引流方面深耕，不应错过以搜狐号迅速获取流量的机会。

（1）在电脑浏览器打开 https://mp.sohu.com/ 页面，点击"注册"，如图10-6所示。

图 10-6 注册搜狐号

（2）输入各项资料，选择类型，填写资料。

（3）同意《搜狐注册协议》，提交审核。

（4）审核通过，注册完成。

10.8.2 搜狐号引流技巧

1. 内部链接互相导流

搜狐号允许发布链接。发布文章时，运营者可以插入链接，放入其他搜狐旗下平台发布的网页链接，实现互相导流。

2. 优化标题

搜狐在各大搜索引擎上占有较大权重，目前主要在移动端发力，因此要格外重视搜狐号标题的优化。具体优化方式有以下几点。

（1）尽量短小精悍。题目不应长于 15 个汉字，最好在 10 个汉字之内。

（2）利用热点新闻，包括明星、娱乐、时尚、体育、社会等方面，在确保不违规的情况下将其结合到标题中。

（3）用长尾词搜索工具，做好流量关键词的分析。在标题和文章摘要中，将关键词和长尾关键词罗列其中。

（4）原创首发。尽量不要将本方在其他平台已经发过的文章再"搬运"过来，不仅会导致获得的推荐量减少，标题也会因为重复而无法被主流搜索引擎收录。

如果采用矩阵引流，则很容易出现类似情况。运营者可以采用修改标题和首段内容的方式加以回避。

10.9 大鱼号引流技巧

大鱼号是阿里旗下的自媒体平台。有如此强大的金主支撑，大鱼号在自媒体平台领域中的影响力不断攀升。坚守大鱼号，将能跟随平台开创新的流量。

10.9.1 大鱼号注册方法

在电脑浏览器打开 https://mp.dayu.com/index.html 网页，按照之前的自媒体平台注册方法，即可完成大鱼号的注册。该平台也可以使用优酷土豆账号进行一键登录，无疑为两大平台之间的互相引流创造了条件。

10.9.2 大鱼号的优势

志在打造大文娱平台的阿里集团，对大鱼号进行了大量投入，尤其体现在大鱼号对应的丰富权益上。

该平台不同账号对应的权益差别如表 10-3 所示。

表 10-3 大鱼号不同账号对应的权益差别

权益类型	具体权益	个人账号	机构账号	群媒体账号	企业账号	政府账号	其他组织账号
基础权益	可支持注册账号数	1	150	2	2	150	150
进阶权益	图文原创声明	有	有	有	有	有	有
	视频原创声明	有	有	有	有	有	有
创收权益	UC 分润	有	有	有	有	无	无
	优酷流量分成&优酷粉丝激励	有	有	有	有	无	无
	优酷被侵权视频分成认领	有	有	有	有	无	无
	天猫淘宝商品推广	有	有	有	有	无	无
	大鱼任务	有	有	有	有	无	无
	大鱼计划	有	有	有	有	无	无

10.9.3 大鱼号引流技巧

1. 订阅号名称引流

在大鱼号注册时，需要填写订阅号名称。可以填写产品或服务名称，向大鱼号用户直接提供信息，便于他们通过名字就能了解产品定位。

2. 头像引流

大鱼号对订阅号头像的审核并不严厉。可以考虑在注册通过之后，将头像改为与产品和服务有关的图片，也可以给图片打上水印，但不能直截了当地使用宣传营销字样。

3. 欢迎语引流

欢迎语是大鱼号的特色。在入驻大鱼号时，运营者可以设置 25 个字以内的欢迎语，可以借助这一功能来描述产品或服务。如果想要更改欢迎语，可以在大鱼号后台"主页管理"下的"欢迎语"栏目中设置，将产品性能和服务内容的相关介绍嵌入到欢迎词中。当其他用户关注大鱼号时，就会接收到预先设置的欢迎语并产生引流效果。

10.10 企鹅号引流技巧

企鹅号是腾讯旗下的一站式内容创作运营平台，也是腾讯"大内容"生态的重要入口。

在企鹅号上发表的文章内容，能同步到腾讯新闻客户端、天天快报客户端、腾讯网、迷你首页、腾讯微博等平台。企鹅号推广面宽泛，是很好的引流平台。

10.10.1 企鹅号注册

使用电脑浏览器，打开 https://om.qq.com/ 页面，可利用微信号或 QQ 号直接登录，也可以选择注册。

注册页面如图 10-7 所示。

图 10-7 企鹅号注册

10.10.2 企鹅号引流技巧

1. 限制

企鹅号虽然在某种程度上允许运营者通过发布内容留置联系方式，但必须讲究留置技巧，否则很容易被封号。

（1）控制字数。

运营者介绍联系方式的文字必须精炼简短，控制在 50 字以内。企鹅号平台不允许发图文形式或二维码形式的联系方式，也不允许发布非作者本人的联系方式。

（2）推荐平台。

企鹅号平台不允许发布多家商业平台的推广信息，包括淘宝、微店，或者涉及他人的自媒体号、涉及商业合作的联系方式等。

（3）诱导关注。

在其他许多自媒体平台上存在的"诱导关注"手法，在企鹅号平台也被严格禁止。例如，不允许发布"关注送奖、关注公布答案、关注赠送免费服务"等字眼。由此可见，运营者必须考虑更加巧妙隐蔽的引导方式。

2. 优势

尽管企鹅号有种种限制，但某些管理策略也体现出了相当的"人性化"，便于运营者从中获得引流空间。

目前，一张身份证号可以注册三个企鹅号，该优势使得运营者可以在企鹅号平台内部形成引流矩阵。例如，用一个企鹅号专门发布文字引流内容，其他账号用来发布图文、视频等，并通过相互评论和回复，实现平台内引流。

3. 指数提升

企鹅号的等级排名作用很大。等级越高的账号，拥有的权限越大，获得的推荐越优质，文章处理的顺序越靠前。

等级取决于企鹅号指数，当企鹅号指数能够达到对应分数时，即可晋升到对应级别。当指数分数下降时，等级也会随之下降。

企鹅号指数与等级的对应关系如表10-4所示。

表10-4　企鹅号指数与等级

指数分数范围	对应等级
0	1级
1~5000	2级
5000~15000	3级
15000~30000	4级
30000以上	5级

提高指数可利用下面3个技巧。

（1）发文需符合注册时的领域，内容必须始终集中于事先选定的领域，有利于提高账号权重。

（2）企鹅号平台对新人规定了"每天发一篇文章"的任务，满5篇之后，指数将大幅提升。同时，这5篇文章也决定了提升之后获得的等级。因此，必须投入足够资源，打造优质内容。

10.11 新浪看点引流技巧

新浪看点,是新浪网旗下的自媒体平台。由于有新浪微博这一老牌产品的加持,新浪看点有着强大的阅读流量和多元的订阅群体,其影响力可以辐射多种行业。

10.11.1 新浪看点注册

使用电脑浏览器访问 http://mp.sina.com.cn/,点击"立即注册",出现如图10-8 的页面。按页面要求填写资料、完成注册,也可直接使用新浪微博账号登录。

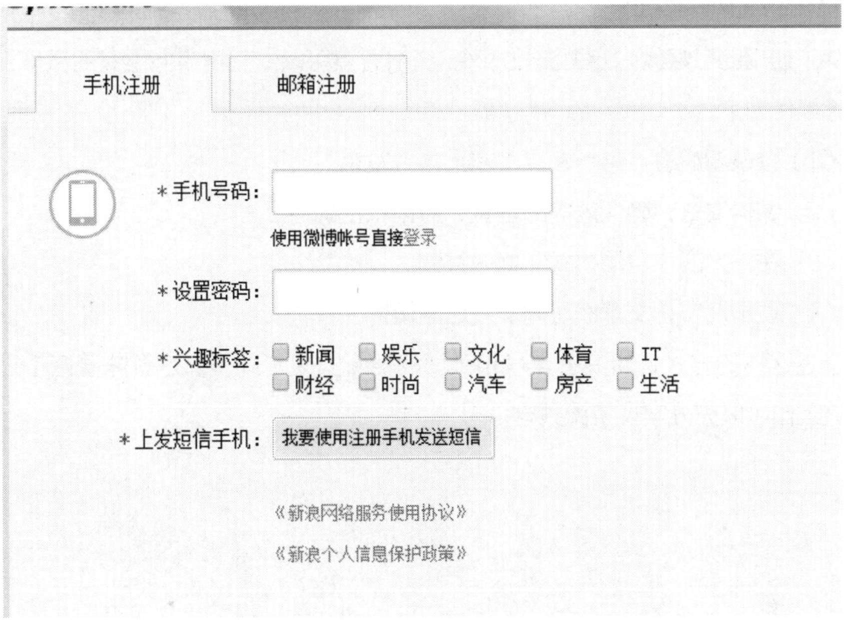

图 10-8 新浪看点号注册

10.11.2 特点

新浪看点号页面清晰简练、浏览速度快，能提供比其他自媒体渠道更具体的用户数据剖析。同时，新浪看点还打通了新浪微博、新浪新闻 App、手机新浪网、新浪网四大渠道，流量庞大。例如，新浪微博能够给新浪看点提供的支撑就包括新浪各大频道官方微博引荐、赠送微博会员、橙 V 个人认证、微博签约自媒体等。

值得一提的是，新浪看点上的体育版块运营得相当出色。同样的体育自媒体内容，新浪看点上的浏览量会超越其他渠道十倍以上。如果企业经营的产品与服务所针对人群同体育版块的浏览客户群体相重合，新浪看点是非常理想的引流阵地。

但是，新浪看点在视频引流方面存在劣势。截至目前，该平台号发布视频作品时只能发新浪秒拍的链接，无法直接上传发布，不利于视频引流的开展。

10.11.3 向微博引流

除了通用的自媒体内容引流技术外，新浪看点可以专门用来向电商的微博引流。其具体操作如下。

（1）登录新浪看点平台，点击左上角"发布"。

（2）编辑文章，确保内容的垂直、原创和正确性。

（3）在下方的"自动模式"框内打钩。

（4）点击发布，文章即可同步发送到微博上。

通过这样的方式，新浪看点号和微博的更新实现了同步。这意味着两个平台上的引流工作可以充分实现资源共享。

10.12 自媒体平台引流通用技巧

自媒体平台种类繁多，各具特色。运用自媒体平台进行引流时，除了根据不同平台的特点加以选择外，还应掌握以下几项通用引流技巧。

10.12.1 关联微信

截至目前，真正能与微信分庭抗礼的移动社交软件并未出现。因此，无论利用何种自媒体平台进行引流，归根结底都需将流量从该平台上截取和移植到本企业的微信号上。抓住这一原则，也就抓住了自媒体平台引流的关键目的。

运用自媒体平台进行引流时关联微信的流程如图10-9所示。

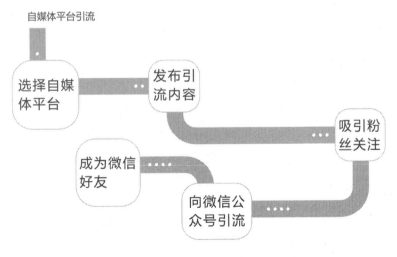

图10-9 运用自媒体平台进行引流时关联微信的流程

10.12.2 关键词优化

自媒体平台引流离不开对关键词的优化。

1. 利用新关键词

关键词优化需要借助流量分析才能有明确方向。运营团队的优化人员在进行流量分析时，应及时发现新的重要关键词，并将之增加到发布的引流内容中。

在找到新关键词后，平台还应使用以下方法提高转化率。

（1）结合关键词，对自媒体平台曾经发布的内容加以改进。

（2）将关键词分配到与之更加相关的内容上。

2. 应对关键词排名下降

在搜索引擎上，发现关键词排名下降，是自媒体平台引流团队面对的常见问题。如果发现使用的大部分关键词排名同时下降，应及时调整应对。

关键词整体下降的原因可以分为主观和客观两方面。

（1）客观原因。

这种整体下降往往是因为搜索引擎算法在进行调整，如果是这种情况，可以先等待一个月左右，算法调整完毕后，一般会恢复排名。

（2）主观原因。

有可能是竞争对手或行业领军企业采取了新的营销战略，导致关键词整体排名发生改变。此时，自媒体平台引流团队就应积极研究那些占据了原有关键词位置的新搜索结果，分析其排名提升的特点和共性，找到与本方引流内容的不同点。

3. 预测关键词

许多关键词会根据时间变化，体现出升降趋势方面的规律。自媒体平台引流团队应学会对关键词进行预测。

（1）季节性关键词。

关键词排名的季节性波动比较稳定，主要受到季节和节日两方面的影响。例如，服装、穿搭等领域的季节关键词包含春装、夏装等；节日关键词则包含节日的名称，如春节服装、圣诞装等。

除此之外，引流运营者还可以从以下方向进行季节性预测，如图 10-10 所示。

图 10-10 季节性预测方向

（2）社会性关键词。

社会热点是自媒体平台上流量极大的内容品类。在社会热点出现后，各大自媒体平台上很容易涌现各种新关键词，充分吸引用户的关注度。自媒体引流运营者不仅要关注社会新闻，还要会抢占热点，在最短的时间内推出包含热点关键词的原创内容。

预测社会性关键词的方法如下。

①积极发现奇特的、少见的社会新闻和现象。

②积极了解用户体验，寻找与大多数人经历有共鸣的热点新闻。

③积极发现用户喜好，寻找目标人群感兴趣的热点事件。

10.12.3 软文插入技巧

在自媒体平台上进行内容引流，软文是必不可少的体裁。由于自媒体平台的管制日趋严格，因此运营方必须懂得一定的软文插入技巧，避免受到限制甚至被封号。

1. 心得法

自媒体平台上的许多著名作者，都是从分享心得知识开始一步步成长起来。原创心得的分享，满足了平台用户想要打破信息不对称的积极愿望，也能为平台带去有用的知识信息，丰富平台的内容。因此，可以将产品引流信息包装为心得，插入到发布内容中。

2. 对比法

可以利用对比的形式，将营销内容与热点时事进行同时展示，可以有效引起受众的注意。同时，利用"高大上"的热点人物、事件作为对比参照物，也能有效提升产品或服务的知名度。

3. 举例法

举例法比起前两种方法更为隐蔽，也是层次更高的软文引流做法。

通过举例，阅读者在文章内容的逻辑引导下，会将例子看作参考性很强的对象，并深刻地记忆在脑中。利用举例法，也能有意地软化营销方立场，如同第三方那样描述产品或服务的好处，比起硬性营销推广会有更好的效果，能获得更高的信任度。

第11章 其他平台引流：引流无定法，合适的就最好

引流无定法。在人人都能利用手机随时上网的今天，没有最好的引流方法，只有最合适的方法。越来越多的电商创业群体，面对不同客户群体，会尝试多种不同引流渠道，经过评估与修正，最终选出效果最佳的引流方式。

11.1 阿里系平台引流技巧

作为全球电商行业翘楚，阿里巴巴稳居国内电商"霸主"地位。在淘宝店铺的日常运营中，蕴藏着巨大的流量商机。

11.1.1 淘宝店铺排名优化引流

用户搜索关键词后，淘宝搜索引擎就会展示相关产品。而产品展示的排名依据，除了用户自身特性外，和淘宝店铺的综合信誉排名有密切关系。

拥有淘宝店铺的电商可从以下三方面进行排名提升。

1. 宝贝描述

运营团队应准确填写商品属性和类目，避免误导消费者，具体有以下几点。

（1）确定专一类目，宁可少而精，也不能变成五花八门的杂货店。

（2）确定固定风格。例如，如果店铺经营女装，就应该细化到具体风格，是高贵气质，还是小清新类型。风格越是垂直，越容易获得淘宝引擎的流量。

（3）谨慎填写宝贝描述，优化标题关键词，方便用户搜索。

（4）对商品进行详尽评述，上传具体细致的商品照片，也能增加店铺的搜索权重。

2. 卖家服务

在淘宝店铺的排名因素中，卖家的服务质量同样重要。搜索引擎通常更加喜欢推荐客服尽职、售后体验完美的店铺。

卖家服务质量主要依靠以下方法来提高。

（1）店铺应设置客服系统自动回复功能，解决客户提出的问题。

（2）提供及时良好的售后服务和人性化的帮助。

3. 物流服务

物流服务的评价标准包括发货速度、物流更新、物流保护措施、送货服务等方面。具体改善方法如下。

（1）选择口碑好、信誉佳的快递公司合作。

（2）及时更新物流信息并提醒客户。

（3）对消费者关于物流的咨询，客服应努力协调、主动解决。

11.1.2 淘宝官方引流

利用淘宝直通车、智钻和店铺活动等官方引流方式，电商能快速获取流量。如果资金充沛，选择上述方式可以迅速为电商带来可观的流量。

1. 淘宝直通车引流

使用电脑浏览器，访问阿里妈妈网站（https://www.alimama.com），选择"产品"，点击"淘宝直通车"。

开通"淘宝直通车"需要一定条件。通常而言，只要店铺和用户状态正常、开通时间不低于24小时并在近30天成交金额大于0的店铺，都有资格使用这一官方引流产品。

具体使用步骤如下。

（1）选取商品并拟定商品关键词，编辑直通车标题，同时分类目新建商品推广计划。

（2）确定关键词出价，最好应高于市场平均水平。对关键词进行实时数据监控，分析点击率等，根据分析结果，快速修改关键词推广。

（3）充分利用直通车的不同功能进行引流推广。例如，可以设置定向智能推广，向精准目标用户进行自动发布，吸引对方关注。

当然，直通车引流只提供更精准的渠道，而不能直接提供购买人群。电商应尽量提高文案和图片内容的质量，才能让直通车引流这一渠道产生真正的价值。

2. 智钻引流

淘宝店铺可以通过阿里妈妈的智钻功能引流，主要方法如下。

（1）全自动定向智能化。

智钻功能依托大数据算法和反馈机制，打造出"锦囊"功能。该功能具有最优融合与实时反馈的特点，可以从不同角度帮助店铺找到最佳的目标人群，更精准地获取客户。

（2）动态文案创意。

店铺通过对文案创意进行建模，将产品属性、促销信息、核心卖点和其他引流诉求植入模型。同时，也可对客户偏好进行建模，包括性别、商品兴趣、更关注产品品质还是价格等。

通过上述建模过程中的运算，让不同潜在客户看到不同的引流信息，最终引入店铺中。

（3）设计投放方案。

智钻投放方案包括三大核心出发点，分别是店铺流量结构分析、优势类目分析和智钻预算分析。

运营团队首先要通过店铺流量结构分析，分析预算是否充足、竞争对手行为。其次，通过优势类目分析，判断该类目商品的访问流量是否足够。最后，在增添新类目之前，也需要进行相应分析，通过钻展对流量不足的类目进行适当引流。

3. 店铺活动引流

淘宝电商可以在日常经营中举办店铺活动，进行品牌推广，实现引流。

（1）分析日常流量，评估目标客户群体最喜欢的活动形式。

（2）确定创意活动形式，主要目的在于推广品牌。

（3）向客户抛出有足够诱惑力的条件，吸引所有人关注。例如，只要收藏店铺，就能参与抽奖等，都是被实践证明成功的引流方式。

11.1.3 淘宝商品评价引流

对淘宝店铺的评价功能加以利用。不仅可以提高店铺的等级，也能形成充分的引流能量。

1. 规划评价内容

什么样的评价内容能够打动潜在客户，促使他们果断下单？当然是体验式评价。

潜在客户了解评价，其目的主要是了解"前人"的消费感受。体验式评价应站在购买者的角度，将产品的使用体验和照片发表在评论中。

2. 图片和追评引流

在淘宝平台上，一些热门商品的评价可能达到成千上万条，但其中列出照片和追加评论的依然是少数，如图 11-1 所示。

图 11-1 图片和追评

想让评价获得更高的展示机会，可采取文字搭配图片的形式，或者在评价后选择追加。这样，当淘宝用户点击"有图"和"追加"时，看到评价的可能都会大大增加。

3. "段子"评价法

"段子"是移动互联网用户喜闻乐见的文字内容。结合淘宝商品的特点，以"无厘头"式的调侃，写出"段子"式的评价，会让潜在客户在阅读时获得愉悦的体验，进而对商品产生兴趣。

11.2 QQ 引流策略与技巧

QQ 是目前国内互联网历史最悠久的即时聊天工具，面对熟悉的"企鹅"，运营团队应该按以下方法引流。

11.2.1 QQ 设置

添加 QQ 好友时，人们必然会浏览到昵称、头像和签名。运营方对之加以巧妙设置，能够留下良好的第一印象。

1. 昵称

不要直接用产品名称作为昵称，否则很容易因为硬性营销而导致他人反感。可以利用"行业领域＋职称名称"的方式，消除对方的防备情绪。例如"玩转户外——旅游策划师×××""健身达人——培训师×××"等，能在短时间内拉近距离、吸引关注。

2. 头像

QQ 头像应符合大众审美标准。如果个人形象好、气质佳，不妨将经过修饰的职业照作为 QQ 头像，能够增加亲和力进而产生让对方产生信任感。如果不想用个人头像，不妨将产品或服务的内涵以图片形式展示出来。

3. 签名

QQ 签名应展示想向目标客户群体传达的重要内容，包括自己所从事的行业是什么，能帮助客户解决哪些问题，能带给对方哪些好处等。

例如，某理财电商引流团队的 QQ 签名是，"告诉你闲钱应该投哪儿"。这样的签名既宣告了可以解决的问题，也暗示了服务方向。

QQ 签名还可设置为以下内容。

（1）送福利签名。可以在 QQ 签名里发布优惠福利信息，产生吸引力，如"想要领取天猫 ×× 店优惠券，请加我为好友"等。这样，只要有人看到签名，想要获得优惠券，就会申请成为 QQ 好友，实现引流。

（2）热点引流。可以利用时事新闻、头条、微博话题等平台，获取热点资讯作为签名的引流素材。

11.2.2 QQ 功能引流

QQ 有着强大的社交功能，可以带来多元化的引流思路，满足各种引流需求。

1. 新鲜事引流

新鲜事类似于 QQ 空间，其不同点则在于受众由好友变为了附近的陌生人。但是，发表新鲜事有一定限制条件，需要 QQ 账户达到 3 颗魅力值以上。其具体操作步骤如下。

（1）完善"附近"功能资料。包括上传一些个人喜欢的照片、发布一些话题等。此外，不应直接宣传产品或服务，避免引起反感或扣分。做好这些准备，基本上就符合发布"新鲜事"的魅力值条件了。

（2）发布新鲜事的内容审核非常严格，必须要以优质内容来打动 QQ 好友，引发他们对新鲜事的评论，或者直接找你私聊。

（3）利用他人对新鲜事的评论，进行积极回复。只要能够开始与"附近的人"进行互动，引流也就有了成功的开始。

2. 明信片、贺卡

QQ 的明信片、贺卡能够传递友情，也能为电商发展提供契机。利用这些祝福工具进行引流，不仅能避免被收入垃圾邮件，还能留下良好的第一印象。

（1）贺卡引流。

登录QQ邮箱，点击"贺卡"选项。根据大众审美或者节庆主题，选择合适的贺卡。

发送之前，系统会自动提供祝福语。此时，运营者需要加以修改，填入基本的联系信息，便于和对方取得联系。最后，输入收件人的邮箱地址，添加多人群发。

在收到别出心裁的祝福贺卡后，QQ好友会对你产生好感，当他们关注祝福信息时，也就会关注到运营者的信息。

（2）明信片。

明信片与贺卡的不同点在于明信片可自定义创作，运营者可以自行选取照片并编辑文字制作。

3. QQ空间

QQ用户可在QQ空间和日志上发表文章，引导好友浏览。如果他们被运营方的内容吸引，就很可能选择收藏或转发。这样，引流文章就会被更多人传阅，带来更多引流机会。

（1）选择内容。

在日志话题的选择上，应该追求满足大众需求并引起共鸣。目标客户群体为了获取更多的知识和信息，自然会关注空间日志并申请加为好友。

（2）利用头像。

在浏览他人日志时，运营者的QQ头像会出现在访问记录列表中。头像可以设置成与产品相关的图片，引发有需求者的点击、浏览和关注。

（3）利用信纸。

如果运营者是黄钻用户，可以在发表日志时添加信纸作为文章背景，营造出独树一帜的视觉效果，可以对引流起到推动作用。

（4）利用回复。

通过多重渠道，搜索到相关目标客户群体关注最多的QQ号，如图11-2所示。

图 11-2 搜索关注最多的 QQ 号

时刻关注这些 QQ 号的空间状态,争取抢到第一个评论留言的机会。这样,运营者的 QQ 头像就会被较多的目标客户所看见。当然,评论和留言的内容也应精心设计,插入带有 QQ 号和相关信息的关键词,能产生最大效果。

11.3 视频网站引流技巧

作为引流渠道的一种,视频网站能让电商的产品和服务获得充分"曝光",并提升电商网站在百度等搜索引擎中的排名。

视频网站引流流程如图 11-3 所示。

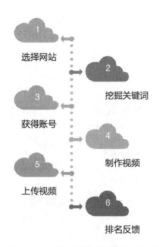

图 11-3 视频网站引流流程

1. 选择高权重视频网站

高权重视频网站有助于后期的关键词排名提升,因此需要将精力放在那些重要的视频网站上,如优酷、爱奇艺、搜狐等。虽然这些网站审核严格,但一旦引流设置成功,就有利于企业长久的关键词排名提升。

2. 挖掘行业关键词

视频引流同样需要挖掘大量的行业长尾关键词,这些词更容易获得搜索引擎重视并提升排名。例如,"免费××视频教程"这样的关键词往往不需要太多操作,就能获得良好排名。

3. 注册或购买视频网站账号

如果选择做视频矩阵引流,那么手动注册视频账号就会过于烦琐。此时,可以在一些电商平台,花费极少成本来购买上千个视频网站账号。

4. 视频制作

目前市场上有很多视频制作工具,利用智能化的视频工具,可以轻松剪辑出完美的视频。视频总体内容必须要从客户需求出发，真正帮助客户解决问题。此外，应在视频中留下二维码或联系方式，引导目标客户加自己为好友。

5．视频上传

上传视频时，应确保视频标题为前期挖掘的长尾关键词。在视频描述和标签中，也应写上与关键词相关的内容。

6．排名反馈

上传视频之后的一天或者两天内，通过百度搜索该视频标题，了解视频排名情况。对不同关键词的排名情况分别进行记录，便于后期进行跟踪和查看成功率。

11.4 直播平台引流技巧

直播平台的火爆持续已久。在引流运营中，单纯依靠文字、图片和视频内容已经无法吸引足够的粉丝，运用直播形式，营造真实互动场景，获得持续关注，是电商成长的必经之路。

1．账号设计

直播账号类型众多，比如游戏、购物、健身、体育、户外等。设计鲜明的账号名称，能够让无从选择的观众在第一时间发现你。

（1）结合直播内容，确定账号名称方向。

（2）巧妙地将直播类型融入账号名称中，例如"足球王子""户外大叔""买包包女神"等。

（3）如果平台允许，还可以在文字后加上自己的联系方式，如微信号。

2. 互动设计

无论任何平台或形式的直播，加强互动感都是首要原则。下面的方法可以增强观众的互动参与感。

（1）提问法。向所有粉丝提出问题，即便他们不做出回答，也能引起关注和思考。

（2）模拟法。模拟直播空间中无法实现的情境，引导观众进行想象。

（3）福利引流。可以在直播间发放代金券、红包等，关系到每个人的实际利益，能够充分调动观众的积极性。

3. 评论引流

由于直播的实时性，新手很不容易抓准回复评论进行引流的时机。其实，直播评论引流的方法和朋友圈、QQ 空间评论功能相似，并不适合长篇大论引流，而是要短小精悍、直击人心。

（1）借助昵称引流。

首先，注册直播小号，昵称可以与明星等直播大号接近。其次，用大号直播，小号进行评论。很多人会因为小号的昵称，而注意到其评论内容。

（2）借助名人引流。

很多名人"自带粉丝"，他们直播时观众人数动辄百万起步，这为电商评论引流带来契机。

首先，进入名人直播聊天室。其次，在名人直播提问时，使用直播大号，经常性做出评论，实现互动并引发关注。如果成本允许，还可以适当向名人送出礼物，达到"脸熟"。也可以向名人提问，寻求答案，名人一旦做出反应，引流账号也就与他们产生了联系。

（3）借助粉丝引流。

在直播时，应利用粉丝评论，由主播介绍直播房间的形式和内容。通过这种问答方式，能鼓励更多人提出问题、表露需求，这不仅是主播和粉丝之间的互动，也是借机对直播品牌的宣传。

需要注意，当更多人逐渐参与到直播讨论之后，不要急于加入太多广告营销元素。否则就会让积累的人气迅速流失。

11.5 音频类平台引流技巧

从 2018 年开始，许多平台都对引流行为加强了管理，音频平台由此成为引流市场的"蓝海"。

各大音频平台目前引流情况如表 11-1 所示。

表 11-1　各大音频平台引流情况

平台名称	用户数量	引流效果	限制度	排名速度	被封可能
喜马拉雅	1	1	3	3	3
蜻蜓 FM	2	2	4	2	4
荔枝 FM	3	6	2	7	2
企鹅 FM	4	5	1	5	1
网易云音乐	5	4	7	6	5
懒人听书	6	3	6	1	7
考拉 FM	7	7	5	4	6

注：从 1 到 7 依次递减。

1. 内容获取

音频内容的生产，不需要像文章那样反复修改。音频内容的处理更为便捷，其接受形式也更为方便。

音频内容可以从"爆款"文章中积极获取。运营方在微信公众号、头条、搜狐等自媒体平台上，可以找到大量类似文章。有了这些优质文章后，就可以利用录音软件，结合播音者的优势，将文章内容表达出来。

2. 音频制作

制作音频时，电脑端可以采用 KK 录像机，手机端可以使用自带的录音软件。如果需要配乐，可以采用艾奇视频电子相册等工具。

通常而言，音频内容的时间应该控制在 3~7 分钟。一段音频应该只体现一个内容重点，如果时间过长，则容易让听众感到不耐烦而退出，时间短了，又难以产生引流效果。

制作音频内容时，应确保音频的每一句话都很精炼。这是因为文字可以"跳跃性"阅读，但音频却无法做到。一旦音频内容啰嗦冗长，就会让听众主动退出页面。

3. 音频引流

音频引流主要有四种形式。

（1）直接在个人主页上留下联系方式。

（2）在专辑封面的图片上，利用水印留下联系方式。

（3）利用录音名称留下联系方式。

（4）在录音中间植入联系方式。

通过上述方式，可以在不为平台所限制的情况下，实现音频引流的目的。当然，音频平台想要做好引流，最关键的因素还在于打造优质内容。真正受到欢迎的内容，会引发用户的自觉传播，当关注作品的人越来越多时，精准粉丝才会源源不断。

11.6 社交类平台引流技巧

社交在每个人的日常工作和生活中都是不可缺失的，社交平台集中了丰富而优质的目标人群资源。利用不同平台的特点，可开展有目的的引流。

11.6.1 脉脉引流

脉脉是一款分享职场动态的社交应用软件，具有重要的应用功能，也能提供方便的引流渠道。

（1）注册脉脉账号，设置密码。

（2）登录脉脉，对个人资料加以完善。

（3）发布匿名八卦进行引流。具体步骤为点击右侧"编辑"按钮、编辑爆料内容后发布。

在脉脉引流中，可以重点发布与工作有关的行业干货、职场动态。如果账号能频繁发布类似信息，就能获取充分的关注。此外，脉脉也可以通过二度社交关系来形成引流渠道，包括从电话通讯录、微信、QQ、微博等多种渠道获得好友。

除了脉脉，针对陌陌、槽厂、宠物说、薇蜜等社交类平台，都可以按照类似的步骤开展引流。

11.6.2 社交类平台引流的技巧

社交类平台引流的通用技巧如下。

1. 注重头像

社交类平台用户的主要活跃目的是寻找聊天互动对象。为此，社交平台引流账号应积极使用精准的头像。例如，目标客户群体为中青年男性，就可以用年轻女性套图作为头像。

2. 注重策略

在社交平台上尽量少发类似软文之类的引流内容，而要通过一对一私聊进行引流，需要做到以下几点。

（1）明确引流对象群体特点，对其进行定位。越是了解他们的特点，定位就越精准，引流方法就越容易取得成功。

（2）打造个人形象。根据所要接近的引流对象，设定引流账号的个人形象。

某电商引流团队的目标是吸引兼职代理，采用了以下这段自我介绍："我是刚读大学的萌妹一位，想自力更生赚些零用钱，不知道有没有用手机就能做的代理，期待大家能帮帮我。其他朋友们也可以交流哦！（配可爱少女头像）"。这样的个人形象，能够引发目标客户群体的注意和接近。

11.7 论坛类平台引流技巧

论坛是网络上同类人群的常见聚集地。论坛类平台引流的目标客户群大都有着共同标签，电商采用恰当的方式方法，就能够实现最精准的引流。

11.7.1 论坛资料设定

1. 昵称

在论坛注册时，选择有创意或能吸引人眼球的昵称。例如，可以选用"厉害了""惊呆了"等网络流行词语，并与个人昵称相结合。

在所有引流的论坛中，都应将个人资料填写全面。除了获得引流对象的信任之外，也能获得论坛管理员的好感。

2. 个人资料

个人资料中可填写产品相关信息，让人对产品一目了然，当他们有需要时，也会第一时间联系你，同时向身边的好友推荐。

3. 经验值

注册后，应积极提高经验值。经验值越高，在论坛中的地位就越高。论坛坛友会将你视作"前辈"，而管理员也会将你看作"老人"而另眼相待。

11.7.2 评论引流

各大论坛中的评论是重要的引流方式。利用评论和回复之间的互动，可以用文字让坛友产生信任并关注。

1. 热帖评论

如何发表一篇有价值的论坛评论？其具体步骤如下。

（1）登录论坛，输入对应版块名称，点击进入。

（2）选择点击量较高的帖子进入。

（3）点击评论。

（4）在输入框加入明确态度的评论。评论应简短有力，针对某一方面，发表一针见血的评论。然后介绍关于产品或服务的体验。

评论式引流不能随意进行，首先应该明确回复的帖子类型，随后还要精心营造评论的亮点，对别人产生足够的吸引力。

2. 悬念评论

评论不能总是平铺直叙。如果能用评论引发其他坛友的好奇心，他们就会对账号产生兴趣并持续关注。

（1）用评论讲述故事，或者放映一段视频，但故事和视频应戛然而止、留下悬念。

（2）组织对评论的回复，要求发表结局。

（3）修改原评论，引导坛友进入个人账号的论坛首页或加为好友。

11.7.3 论坛活动引流

论坛上的引流不只是发表文字、视频等形式，也可以通过举办论坛活动进行。

1. 活动方式

采用论坛坛友喜闻乐见的形式举办活动。

在母婴论坛上引流，可采用儿童投票或者亲子日常照比赛等形式。在女性论坛上引流，可采用"晒男友""晒化妆品"之类的活动。

2. 活动文案

活动文案应短小精悍，突出重点，反映出活动的特点、目的和过程。

3. 活动过程

活动过程应简单直观，符合人们追求"快速"的心理需要，包括参与方法、活动过程、活动规则、奖品发放等。

4. 活动宣传

在进行活动宣传时，可在宣传文案结尾写上"转发有好礼相送"等语句，对潜在客户群体进行福利诱惑，吸引他们积极转发。

11.8 门户类软文引流技巧

软文，是指将推广和营销目的进行合理隐藏之后的引流文案。在门户网站上发布软文的渠道，包括免费和收费两种。免费的包括各类门户贴吧、论坛、B2B、博客等，收费的包括各大主流门户网站、新闻网站等。相比之下，收费的软文平台收录速度快，引流效果也更好。

具体到软文内容写作和包装，需要注意以下规则。

11.8.1 排版

1. 排版特点

不同引流渠道有不同的排版特点。例如，微信公众号软文的段首不需要有任何缩进，每段之间要有空行，而论坛软文则更接近传统出版物的排版。

2. 字体选择

结合软文所发表的具体媒介平台来选择字体。例如，在偏重学术的门户网站上发表软文，字体选择应贴近报纸杂志常用字体；在娱乐网页上发表软文，可以采用不同颜色和不同大小的字体设计，形成灵活多样的视觉刺激。

11.8.2 软文标题

好的软文标题能尽快吸引读者注意，同时也能有效传递软文内容，引发阅读冲动。引流软文通常可使用下面的标题。

1. 确定读者范围的标题

"职场高手进阶必知"可对职场白领产生很大吸引力。"女孩在相亲前应该做的"对年轻女性就很有吸引力，同时也能吸引部分年轻男性。客户群体不仅精准，还有可能吸引范围之外的感兴趣的人群。

2. 数字型标题

软文可以将数字纳入标题中，以数字激活阅读者的逻辑思维，使他们确信文章的权威性。

"2019年最热门的十大运动员"是一家运动产品电商推出的引流软文，产生了充分的吸引力，并伴随着广泛传播，带来了相当大的阅读流量。

3. 与热点事件、人物和关键词相结合的标题

利用互联网或社会舆论关心的热点事件、人物或关键词，引发阅读者的好奇心，为软文内容带来光环效应，其前提是软文内容应该与事件、人物或关键词充分联系，否则很容易导致阅读者最终感到受骗而失去信任。

4. 疑问式软文标题

站在阅读者的角度提出问题，也可以激发用户产生类似疑问。

某电商引流软文标题为"怎样才能在酒局应酬时不伤身体"，发表在某商贸专业论坛上，短时间内获得了大量阅读。

5. 夸大型标题

这类标题的特点在于利用夸大语气突出形容词，获得论坛坛友关注。

此类标题本身与内容是否符合并不是最关键的，甚至可以让坛友在怀疑标题真实性的动机下点开帖子内容，进行软文交流。如"男友为这家网店要和我分手"，显然不合乎生活常理，更容易引起读者兴趣。

11.8.3 软文内容

软文的优点在于灵活多样，几乎可以运用所有常见的体裁和形式打造内容。近年来，大量引流实践中证明，越是具有故事性、新闻性的软文，越容易取得引流效果。

1. 新闻特写形式

可以采用新闻报道形式对软文进行包装。

"90后大学生入职半年，销售额超过百万"，讲述了某职场新人因为学习了某电商平台的课程而取得骄人业绩，形成了强大的引流力量，带来了积极的用户反馈。

2. 故事形式

某中老年服装电商利用一篇软文讲述了"我"作为城市女性，在考入乡镇公务员队伍后，因与周围的上司、同事有各方面的差异而难以融入环境。为了弥补误会、消除隔阂，"我"向大家推荐了不少中老年服装，人际关系也因此变得更加和谐。

该软文发布之后，取得了不错的引流效果，其网店旗舰店的销量在短时间内上升了三倍。

值得注意的是，故事类软文写作需要找准客户定位，严格按照客户的标签、画像、环境进行设计。

3. 娱乐性传播

随着互联网营销环境的变化，一味虚张声势地制造焦虑感，或者普及没有经过科学论证的"知识"，都不应是软文引流的主要方向。如果软文引流主要面向年轻群体，应该通过精心设计，让软文故事情节更为搞笑、紧凑、快节奏。这样的软文不仅能产生推荐产品的实质作用，还能产生娱乐"笑果"，让阅读者更愿意分享和推广。

第  篇

从流量到品牌，
你可以

引流手法千变万化，但获得流量并不是终极目的。在流量的支撑下得到优良的营销业绩，然后将老客户变成口碑的生产者和传播者，这样，流量才能最终转化成为电商企业坐拥的品牌财富。

从流量到品牌的道路上，我们可以付出哪些努力？这是电商企业运营者应持久思考的问题。

第 12 章 引流变现，正确选品很重要

为什么同样是引流变现，效率却如此天差地别？除了引流的平台、工具和技巧外，最重要的因素在于作为引流根源的产品。产品本身质量好、信誉佳、属性适合，引流效率自然就高。所以正确选品是引流成功的关键。

12.1 为什么选品如此重要

选品犹如在战争中选择阵地,决定商战中你扮演着"主"还是"客"。

市场中,消费者流量如同"水流",会自动向洼地流淌。如果企业选择的产品行业是一块空白的"洼地",那么不必花费太多投入就能吸引到流量。反之则相当困难。

1. 市场集中度

选品之所以重要,背后的规律在于市场集中度。市场集中度又称赫芬达尔－赫希曼指数,用以衡量市场的垄断程度。当这个数字接近 100 的时候,说明垄断程度很大,市场中几乎是一家独大。反之,则说明市场自由竞争很充分。

有人在淘宝和天猫进行了各个行业市场集中度的调查和计算。结果如表 12-1 所示。

表 12-1 市场集中指数

行业	集中度指数
手机	12.2
情趣内衣	8.23
保温水杯	5.36
奶粉辅食	3.86
登山户外	2.21
女性产品	1.99
厨房用具	1.48
零食特产	0.96
男性服装	0.78

（续）

行业	集中度指数
美容产品	0.75
婚庆产品	0.66
居家饰品	0.40
女性服装	0.40
儿童产品	0.38

表 12-1 说明，手机行业集中指数最高，该产品品类中最顶端的数个品牌几乎合伙瓜分了市场，新品很难在短时间内吸引流量。反之，儿童产品的集中指数最低，一旦企业正确选择了引流途径，就能在很短时间内获得收益。

2．回购率

回购率又称复购率。由于产品之间存在性质和功能的不同，故而有着不同的回购率。一般而言，越是日常生活需要、价格较低、使用频率高的产品，回购率就会越高，反之则越低。例如，办公文具、清洁用品的回购率必然较高，而汽车、奢侈品等回购率就较低。

因此，回购率越高的行业产品，引流效果就越是明显。当这些产品引流成功，电商将"路人"变成"粉丝"后，就可能聚焦于他们的终生价值，获得细水长流的回报。相反，回购率较低的电商产品，即使企业投入了较大引流成本，也很难产生类似效果。

12.2 如何选择适合自身定位的产品

如何选择适合自身定位的产品？对大多数电商引流团队而言，这个问题几近"玄学"。有的人甚至经常将店铺链接发给专业人士，想凭借一面之缘就得到宝贵的选品意见，实际上，这样做并没有太大效果。因为产品是否有引流价值，并不是绝对的。选品，必须要结合自身实际定位进行操作。

12.2.1 选品基本条件

1. 价值认同

选品的原则，首先在于价值认同。有些电商运营团队认为，自己的产品并没有赚取多少利润，甚至为了引流在亏本销售，应该获得客户的认可和支持。然而，这种认同感并非来自精准客户，而是来自团队自身。

想要让客户对价值产生认同，不是一味降价就会有效果。在选品时，应尽量站在"购买者"而非"销售者"的角度，仔细全面思考产品是否能得到购买者的认可，自己又是否愿意用这样的价格去购买产品。

2. 满足更多需求

不同的人有不同的需求，好产品能满足更多人的需求。否则，即便获得了宝贵的流量，也会导致许多潜在客户因为功能无法满足其需求而选择离开。

3. 符合习惯

如果电商在夏天选择对羽绒服进行引流，在冬天选择对泳衣进行引流，就很难做成可以引爆流量的产品。虽然这种反季节销售不失为别出心裁的引流方式，但并不符合大多数网络消费者的心理和行为习惯，也就不能作为选品的主流思路。

12.2.2 结合自身定位

如何认识自身，决定了电商如何认识产品和市场。对于大多数电商而言，下面这些选品技巧能确保产品同自身定位准确结合。

1. 大众化、基础化

电商不应在选品上"别出心裁",追求"新奇特"。一般而言,选择那些市面上少见的产品进行引流,最终都会变成标新立异,成为替"友军"试探市场情况的牺牲品。

2. 设置适当的毛利空间

结合企业目前的财务情况,综合考虑成本、人员、渠道、现金流等因素,设置适当的毛利空间。电商既不能为了引流数字的好看,而一味压低毛利,也不能为了短期赚取利润而过分抬高毛利。

一般而言,在定价时将引流成本加上之后,还应留出 15%~20% 的毛利。这样才能确保企业的正常生存和发展,也能保证后续引流工作的开展。

3. 设置合理的供货库存

结合企业目前的规模定位设定引流范围,设置对应的供货库存量。如果缺乏经验,在引流成功后发现产品数量供应不足,就意味着所有先期投入打了水漂。反之,太多的供货库存也会超出需求,导致库存积压。

12.3 选品的 7 个秘籍

产品选不好,引流做不了。在选择产品的道路上,前人为今天的电商创业者留下了宝贵的秘籍。

1. 看产品质量

好产品才有可能会持续产生销售。在选品时千万不能选择实力欠缺的上游合作伙伴,而要选择有正规营业执照、生产许可证并能提供质量检验合格报告的供应商。

曾经的许多"面膜"微商，由于产品劣质，遭到了主流媒体的集中曝光，导致后续引流无从开展，甚至会被追究法律责任。

好产品能打造电商的良好形象，选择质量好的产品，也就为吸引更多"回头流量"带来了可能。

2. 选有品牌基础的产品

在电商竞争激烈的情况下，选择有品牌基础的产品，要胜于那些名不见经传的小产品。企业可以结合查阅资料、实地考察等方式，对产品供应方进行实地考察。

如果产品曾经有过明星代言，也是选品时的重要加分项。因为上游企业如果愿意花费明星的代言费，说明对其产品有信心、有规划，并因此获得了一定的明星自带流量。

此外，如果上游企业曾在各大卫视或网络平台上投放过广告，这样的产品也值得考虑选择。

3. 选自身体验过的产品

选品时，自身体验应该是重要环节。只有亲自体验，才能对产品有深入了解，并因此了解产品的特点，有的放矢地进行引流规划。

4. 选易消耗品

同样引流获得 500 个精准粉丝，如果销售易消耗品，每月产生的利润会远超普通产品。因此，挑选那些易消耗品，就避免了需要不断引流的尴尬。

5. 选适用性强的产品

最好能挑选那些适用性强、使用人群范围比较广、不受年龄和性别限制的产品。例如，对一款手机壳进行引流，其效果必然比高尔夫球棍包更好。原因在于使用手机壳的人群，在绝对数量上更多，在购买动机上也更强。

6. 选自己最热爱、最擅长的产品

如果是个人或小团队电商，就应选择那些自己最热爱、最擅长的产品。对感兴趣的产品，引流者会更有经验和发言权，更愿意深入研究。同时，由于擅长，引流过程中上手快、学习深入，解答客户问题的准确性更高、速度更快。

电商还应该结合目前的粉丝属性来选择产品。如果目前粉丝中女性好友比较多，就应尽可能选择她们感兴趣的首饰、化妆品、服装、箱包等。如果男性较多，则选择手表、腰带、健身产品、汽车相关产品等更好。

7. 选市场价格体系清晰的产品

不少产品由于终端代理商较多，很容易产生价格混乱的情形。一些产品不仅在正规电商平台上进行销售，也在微信朋友圈销售，甚至在正规电商平台的价格反而更低。如果选择了这些产品，即便引流成功，获得的利润也不够稳定。

在选品时，必须选择那些价格真正控制在行业链主体手中的产品。对价格的了解，不仅应通过考察上游生产商，也应该在下游的代理商之间进行充分对比参考，确保其定价严格规范。

12.4 选品需要规避的 7 个陷阱

电商在缺乏对产品的了解时就盲目确定产品进行引流，等同于战士赤手空拳走上枪林弹雨的战场，注定要"捐"出金钱和时间，甚至"捐"出宝贵生命。

为了避免这样的悲剧，在选品之前，必须看到下面这些"坑"。

1. 只卖熟悉的产品

在创业之前做什么，创业后引流就卖什么，这是许多电商的通病。自然，由于之前的经验，团队会对产品认识和货源控制上有很大优势，但对产品的熟悉感很可能导致运营者忽略了产品是否受到引流平台和目标人群的欢迎，是否有引流空间。

产品选择要基于市场调研数据和目标人群需求进行，不应该熟悉什么就选择什么。

2. 片面回避竞争

竞争激烈的程度决定引流运营的难度。然而，如果片面追求回避竞争，就会落入陷阱。放眼市场，引流竞争越是平淡的产品，往往越是冷门，需求群体越少。在这样的环境中引流，很难获得令人眼前一亮的业绩。

3. 功能越多越好

从传统思维来看，功能越多的产品，似乎越受欢迎。但现实情况是这类产品要么质量不佳、功能过剩，要么价格偏高、对使用者有门槛限制。这些都会影响引流的进程。

4. 靠推荐选品

如果电商选品单纯靠他人推荐，或者靠生产企业或上游供应商推销，则很容易遭遇挫折。毕竟世界上并不存在同时满足成本低、利润高、流量大、信誉好、复购高等条件的合法产品，但推荐者却很可能过度吹嘘和包装产品，让电商落入"坑"中。

选品时，必须充分了解和分析产品与目标市场，既要看到产品的优势，更要明白产品的不足之处，从正反两方面做好引流的准备。

5. 追热点选品

某些电商（尤其是小卖家）喜欢追逐所谓热点来进行选品，从近些年大火的平衡车、指尖陀螺到面膜、眼膜、代餐粉等不一而足。但这些产品不具备连续性或长期性需求，这会给引流工作带来较大的难度。

6. 眼高手低

选品时眼高手低，过于看重利润，是很多电商的通病。产品利润越大，从事该产品营销的竞争者就越多。如果竞争者拥有强大的经济实力，就有可能采取价格战的方式来压垮小型电商团队。

7. 只分析差评

在选品之前,许多电商团队都会去分析类似产品已有的评价,重点分析其销售评价。然而,很多电商团队只着重对差评进行分析,却忽视了好评,实际上是忽略了一款产品究竟是如何解决客户问题、满足客户需求的。

分析好评能最大限度帮助电商团队判断一个产品的优缺点,以便更为准确地定位产品,优化引流方案。

12.5 选品测试的方法与策略

对于很多中小电商而言,选择产品时并没有多少试错的空间。一旦选品错误,之前的努力很可能会全部付诸东流。为此,选品测试的方式与策略就显得尤其重要。

12.5.1 分析电商数据,借力大企业

许多电商大企业在选品能力上都会超过中小卖家,他们有精准的市场调研和预测团队,能够提前抓住热门产品。这些大企业进行引流预热时,大多会使用淘宝直通车等平台工具,相关产品的销量、收藏、加购等数字都会因此有明显的上升趋势。

电商不妨借力大企业,分析其数据,完成产品测试,具体操作步骤如图12-1所示。

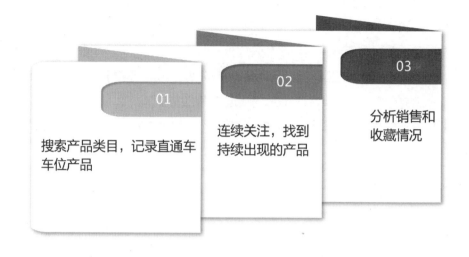

图 12-1 借力大企业，分析数据

1. 搜索产品类目，记录直通车车位产品

例如，结合本团队想要做的产品定位，在淘宝直通车栏目内进行搜索。将搜索结果页第一页中的所有车位产品全部记录下来。

2. 连续关注，找到持续出现的产品

连续关注并记录一两周，然后分析出现在直通车车位上次数最多的产品。出现频率越高，说明该产品的引流增长量越高，销售数据表现也令淘宝等平台另眼相看。

3. 分析销售和收藏情况

为了确保万无一失，可以继续搜索上述产品的销售和收藏增长情况。如果符合相应条件，则基本确定为即将爆发的热门产品。此时，电商企业就借助大企业之手，完成了选品测试。

12.5.2 借助老客户测试

借助老客户测试产品需要三大前提。

首先,产品是能够多次购买、重复消费的,包括零食、茶叶、服饰、视频、箱包、鞋子等。其次,电商有一批忠诚度较高的老客户群体。最后,老客户能集中在一定的社群平台中。

具体方法如下。

1. 选择测试数量

根据企业目前的规模和实力,确定测试产品的数量。

2. 触达老客户

可以作为礼品直接赠送给老客户,也可以采取很低的价格,将购买名额作为优惠提供给老客户。

3. 投票活动

在老客户集中的社群中发布活动,邀请他们选择自己最喜欢的产品。

4. 检验投票结果

投票结果明确后,逐一进行检验分析。其中被最多老客户喜欢和关注的产品,就是值得去进行引流的产品。这是因为该产品本身的属性标签和客户群体的标签高度吻合,不仅能够得到潜在客户的青睐,也会受到引流平台的重视。

12.5.3 用已有产品测试

如果电商目前缺乏老客户或社群,即可采用已有产品进行测试。

一家做简易实木家具的淘宝店铺,想要测试潜在客户可能会喜欢的产品搭配,包括具体的摆放情况。为此,该店铺拿出 200 件小家具,举行了一元换购活动。当时总共选出 5 款产品搭配,计划从中测试出 2 款形成引流产品组合。

在活动开始前,该店铺设计了一张促销海报,对 5 款产品搭配分别编号并起名。随后,将促销图放在该店铺所有产品的"宝贝详情页"。客户只需要在购买其他产品时加1元,就能获得5款产品搭配中的任何1款。

由于有其他产品的利润作为保证,实际上整个测试并没有投入多少成本,只是短期内利润有所下降。活动结束后,该店铺基本测试出了最受欢迎的2款搭配,同时也收获了精准的流量。在随后的营销过程中,该店铺迅速实现了利润翻倍提升。

12.6 选品变现时如何建立品牌

在进行引流时,选择好产品,对建立个人或企业品牌非常有利,能够充分调动市场资源为己所用。为此,个人和团队需要充分考虑选择合适的产品与对应市场。

下面是选品变现过程中需要注意的事项。

1. 产品价格选择

为营造良好的品牌形象,电商应预先对产品价格区间进行限制。一旦产品平均价格高于或低于限制,就会导致品牌形象发生歪曲,因此必须加以避免。

(1)单品价格不宜过低。

由于物流运费持续上涨,即便产品价格很低,实际上也很难引起潜在客户的购买欲望。此外,产品价格过低,往往会给人留下企业品牌品位不佳的印象。

(2)单品价格不宜过高。

目前,新零售的市场环境尚未完全成熟,相关管理监督机制还不完善。如果单品价格过高,也会影响客户的购物意愿和冲动。

综合来看,选品的价格区间应当为50~500元,这一价格区间更利于建立品牌形象。

2. 产品属性选择

由于物流成本和运输风险,电商在选品变现时,应该首先考虑那些"小、轻、便"的产品。这些产品不容易在运输过程中出现损坏，避免出现退换货的麻烦。相反，一旦产品因为运输出现问题，企业不仅要分配服务力量去解决纠纷，还要安抚消费者情绪，最终导致品牌影响力减弱。

3. 产品链设计

为了打造自身品牌，应科学设计产品链的深度和宽度。

（1）深度。

确定某一品牌形象后，要保证相关产品的种类数量。

例如，要为客户提供多样化的外观选择；要按照产品价格、包装等不同，设计出不同档次的产品，供客户人群中不同经济能力、不同消费需求的人群进行选择；与已经建立了品牌的产品供应商进行合作，充分借助其品牌效应；寻求目标市场的需求变化，据此对产品进行改进和完善，使其更加符合品牌形象特征。

（2）宽度。

在进行品牌内涵研究分析的基础上，掌握潜在客户对品牌的期待，从多个角度对产品进行开发。此过程能够让产品链的宽度突破局限，也能满足不同潜在客户的多样化需求。

总之，在开发产品时，不仅要着眼于产品本身，还要重视和该产品相关的品类。在增加流量和利润的同时，更方便客户的购买选择。

第 13 章　流量变现的 4 个秘密

有传统商业模式中,"有人流就有商流",在移动互联网时代,流量就是商流,流量本身即可变现。无论通过何种平台和渠道,只要集聚了足够的流量,就会汇聚千万双眼睛。这些眼睛的主人,迟早有一天会意识到流量运营方所提供的价值,并心甘情愿为之打开钱包。识破流量变现的秘密,就能打开网络商业世界的神秘宝藏。

13.1 流量变现的 5 个途径

在曾经的互联网商业世界中,流量变现只有电商这唯一途径。现如今,几乎所有行业都多少会和互联网有所关联,对流量的渴求也甚嚣尘上。如果运营方掌控了足够多的流量,甚至不需要销售具体产品,就能将之变成现金。

以下是流量变现的 5 个途径。

1. 会员制

不少网站、微信社群、QQ 社群都实行会员制。在会员的基础上还可以区分普通会员和高级会员,等级不同,享受的待遇和权限也不同。一般而言,这种变现方式适合知识付费、定期消费等流量运营。

2. 产品销售

不少社群、论坛、App 起初与电商毫不沾边,经过运营后,获得了较高的品牌知名度,也就拥有了庞大的流量。随后,运营方再将平台进行整合,引入电商功能。

宝宝树最初只是育儿知识心得分享平台,全国各地的宝爸宝妈都可以在宝宝树上记录育儿的心得,向网友推荐自己认为好用的东西。随着使用者的增加,宝宝树开始引入合作方,在线上出售产品,原本只是单纯进行分享记录的论坛文章,也会插入相关产品链接,这样就在很大程度上方便了论坛用户的购买和使用,也帮助该论坛顺利实现流量变现。

3. 组织活动

通过同一个平台集合有共同爱好的目标人群,在线上或线下组织活动,通过商业合作变现。比如许多城市的本地美食公众号、户外群、读书会等，都有类似的变现模式。

4. 知识付费

在公共平台上，运营团队通过专业知识分享和专业人士答疑解惑、发放资源，积累了一定基础的粉丝群体。随着社群的扩大，运营团队可选择销售课程或者其他知识产品，为客户提供解决方案，满足他们的需求。这也不失为很好的流量变现方式。

5. 广告付费

如果运营团队不急于立刻销售产品，也可以考虑将手头流量的优势发挥在广告付费上加以变现。运营方根据引流平台和社群的大小，寻找对应规模和级别的广告商，提供广告合作方案。流量越大、客户需求越明显的平台，获得高额广告变现费用的可能性就越大。

13.2 流量变现的 7 个技巧

流量是互联网上的"硬通货"，犹如货币体系背后的黄金。互联网商业基础已经非常完善，只要手握精准流量，即便只有 1000 个忠实用户，也能构建商业模式并完成变现。

流量变现的技巧主要包括以下 7 个。

1. 就近转化与变现

虽然二次引流也是重要的引流方法，但为了便于流量变现，应该尽可能在引流平台内进行变现。这是因为所有的流量都会有漏斗效应，从一个平台向另一个平台引导，势必会造成部分流量的丢失和引流效果的降低。

2. 低价值平台引流

运营方不仅应该面向本平台进行变现，还应该积极从低商业价值的平台吸引流量进行变现。例如，当运营方建立自己的社群后，还可以花钱从其他非商业社群那里吸收成员，以低成本换取新流量的加入和变现。

3. 变现与储蓄同步

不少互联网创业者并没有构建流量池的概念，只是利用网络工具在进行一次性的销售。实际上，通过成熟的流量池构建平台（比如微信），能够以完整的生态闭环体系，为流量池的储蓄和变现提供各种手段。

4. 交换变现

任何个人或团队能够吸引和运营的流量都是有限的。站在变现角度来看，运营方完全可以和具有相似目标用户的流量运营方交换流量。这种交换的典型形式是微信公众号互推、社群互加等。通过互相推荐，各方的利益都实现了满足和增长。

5. 估值和付费

免费流量越来越可遇不可求，付费才是获取流量最快的做法。如果企业有一定的资金实力，可以通过对流量进行估值和付费，实现流量池的尽快壮大。这样的付费行为能够帮助企业抓住时机，形成高门槛，设置竞争壁垒，挡住潜在的竞争者。

6. 多次变现

流量池必须不断流动，才能实现转化，否则就会是一潭死水。

例如，做职场知识付费的社群，可以在时机成熟时，做婚恋情感知识付费。当客户群体开始走向婚姻、育儿阶段时，再进行育儿用品营销等。这样，流量池就实现了多次转化和变现，引流成本也被分摊到不同环节中。

7. 备份流量

为了保护可以变现的流量，运营方应学会找到可靠的渠道，对手头流量进行备份。

罗辑思维在微信上积累了数百万粉丝之后，突然转身开发了手机 App"得到"。不但将流量成功备份，还延伸出了新的变现模式。

参考这一成功案例，中小企业电商在机会成熟时，也应不吝成本，建设自己的网站、App，将宝贵的流量珍藏起来，为未来变现做好准备。

13.3 流量变现的步骤规划

有人说，创业的本质是增长。这一概念对流量变现也同样适用。并非所有的流量都能够变为利润，想要推动流量变现，就应积极推动产品销售数量的增长，其主要步骤包括场景搭建、品类拓展和转化提升，如图 13-1 所示。

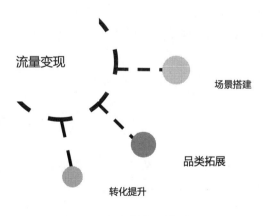

图 13-1 流量变现步骤

13.3.1 场景搭建

流量是如何成为现金流的？开发者需要投入人力、时间和服务资源，打造对特定人群有用的产品和服务。随后，通过引流工作，让更多人看到并了解产品。在不断引流的过程中，持续优化交易细节，拓展产品品类，获得更多的营业收入。这就是流量变现的全过程。

然而，在此过程中，场景是不可缺失的重要环境。没有场景，就没有所谓的变现。

××天气是流量巨大的产品，日均访问量在1亿次以上。在国内移动互联网领域，日均访问量能达到这个量级的App屈指可数。然而，该软件并没有将所有流量变现，原因是该软件受制于场景缺失。当用户登录软件，了解天气之后，很难去找到能够再次满足需求、推动消费的场景。

正因如此，有人说，只有真正能触发用户情绪的场景，才是真正的流量入口。如果目前运营方为粉丝提供的集聚平台不足以引发他们的消费欲望，就可以积极进行二次引流，让他们来到需要更好服务、更多工具的场景，并顺理成章地开始变现。

13.3.2 品类拓展

流量能变现，通常都源于运营方的主打产品销售。然而，市场环境总会有所变化，一旦流量增加，潜在客户的需求实际上也会发生变化。此时，运营方就需要积极推动流量变现的第二步，即品类拓展。

1. 横向拓展

品类可以进行横向拓展，电商可以向传统企业学习该步骤的规划思路。

例如，苹果公司不断拓展品类，从音乐播放器到手机，再到平板电脑；星巴克从咖啡到饮料，再到预包装咖啡和咖啡豆等。

横向拓展思路的重点，在于在原有主打产品的变现速度放缓后，进行横向品类延伸，不断突破原有产品增长的界限。

2. 纵向拓展

运营方从代理销售服装，到联系厂家生产定制服装；从介绍培训，到创办自己的培训平台……都属于在产业链中向上游延伸。在此之前，这些运营团队只是寻找从产品到流量客户的价值，而在此之后，运营方向产业链更上方前进，获得更多的话语权、吸引更多的流量。

13.3.3 转化提升

当场景与品类确定之后，流量变现的路径已经基本确定。此时，推动流量变现的重任就落在了微观层面的转化提升上。这一步骤规划需要推动流量中的个体，在特定场景下对某个产品进行最大化购买。

例如，在某知识付费社群中，课程已经明确定位，随后要思考的就是怎样将这门课更好地卖给粉丝。又如，在推荐淘宝店铺产品时，怎样预先留下吸引点，让购买过产品的用户，愿意再次进行购买。

13.4 流量变现的 4 个原则与注意事项

创业初期，怎样做才能建立良好的流量变现生态，让流量真正转化为高质量的购买力？最主要的原则与注意事项包括下面 4 点。

1. 打造良好的产品体验

为了让流量尽快变现，许多创业者殚精竭虑寻找引流方法。他们同样应该为如何打造能够被人热爱、能给予客户更多价值的产品而辗转反侧。

某果蔬汁的创始人曾说过，在创业最早期，团队只在做一对一的销售，没有买广告、做展位和刷榜单，也没有参加任何健康食品行业会议或创投圈交流会。但是，团队成员向身边所有朋友推荐这款排毒果蔬汁。于是就有了最初的十多个客户。他们购买之后，选择减少饭量并每天喝果蔬汁，效果好到忍不住想要发朋友圈。不久之后，更多来自朋友的朋友前来购买。这个创业团队每天轮换安排成员接待客户，并满足初始客户群体的诸多需求。最终，这个产品被引爆，大批客户流量不断被变现成为利润。

客户不傻也不瞎。电商为客户体验着想而对产品付出的优化，将会被客户不断感知和分享，并因此加快流量变现。

2. 建立品牌感召

流量池曾经只是单向的"漏斗"，在这一体系中，经过每一层级，都会减少一批客户。今天的企业，更应追求将流量池漏斗反过来，变成以品牌为核心的"火焰"体系，如图13-2所示。

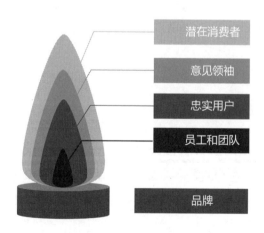

图13-2 品牌感召的火焰体系

即便再小的品牌，也有机会通过互联网来建立让粉丝为之迷恋热爱的社群。通过线上和线下的互动，让客户感受产品与运营背后的用心，让情感围绕品牌形成关联，让用户能够在"火焰"效应的影响下,产生光和热,去积极主动进行传播。

由此,"漏斗"成为火焰,越是朝向外部的火焰范围越大,能够点燃的用户也就越多。这样,流量变现的难度就大大降低了。

3. 用产品或服务推动变现

在销售产品获得利润的同时,还可以进一步推动流量变现。

海底捞在还没有涉足线上引流的阶段,就开始送爆米花、卖会跳舞的捞面,再到抖音平台上的"新吃法"。实际上,这些本身都在将关注流量变现。海底捞同时也利用自身的服务形式,打造新的热点,吸引来更多流量。

这就是为什么海底捞从没有到处发布硬广告,但它却始终拥有流量。他们赋予产品以传播意义上的新价值,引发了客户和客户之间的自动传播。

有鉴于此,每个运营团队都应研究产品和服务的各个环节与层面中,存在哪些能够植入传播能量的点。将这些点挖掘出来并加以点燃,就能引爆整条流量变现的路径。

4. 兼顾广度和深度

在流量变现的过程中有 4 重境界,如图 13-3 所示。

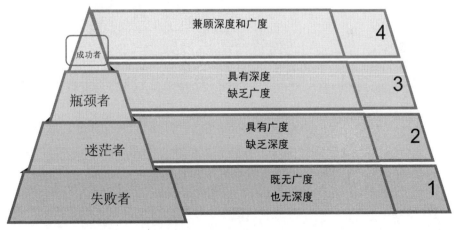

图 13-3 流量变现的 4 重境界

广度代表企业引流的人群范围有多大；深度意味着产品和服务能给潜在客户带去的体验有多满足。

在引流最早期，势必既没有广度也没有深度，即便设计好了变现途径和工具，也处于无人问津的阶段。

当引流付诸实际时，情况会发生变化。引流范围变得更广、粉丝数量增多，也可能是在小众中被承认、被接受甚至被推崇，但流量变现还远未成功。

直到深度和广度同时具备，流量变现才能迎来阶段性的曙光。而此时，运营团队又需要围绕新的产品和市场，重新进入引流的下一轮循环。

第 14 章　引流犹如走楼梯，会复制裂变才像坐电梯

当前，流量红利逐渐消失，"拉新"成本不断攀升。引流成为许多创业者眼中不断向上延伸的楼梯，似乎永远没有到头的那一刻。只有引流没有裂变，问题就会接连不断，懂得复制裂变，流量就会呈几何倍数增长，让粉丝数量如同坐上电梯、节节攀升。

14.1 如何让流量生生不息

引流需要复制裂变。但复制裂变的成功，并非战术上的"干货""技巧"所能造就。要想让流量生生不息，必须懂得在战略层面打造引流成功格局。

其主要决定因素如图14-1所示。

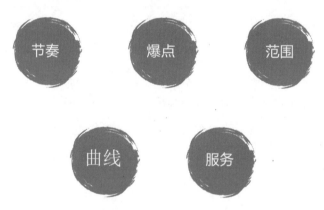

图14-1 战略层面打造引流成功格局的因素

1. 节奏

引流复制裂变成功的关键，在于把握正确的引流节奏。尤其对于季节性强的产品，运营团队对整个行业销售节奏的了解和把握至关重要。这就如同田径短跑，如果起跑时的节奏没有掌握好，就会从头到尾都在被领先者牵着鼻子走，不是因为对方比你引流技巧多、运用好，只是因为别人比你的引流节奏把握得更好。

例如，在某行业进入旺季高峰期之前，经常会出现供不应求的局面。此时，进行流量复制裂变的可操作性空间更大，能获得红利的机会最多，最容易形成良性的裂变循环。反之，如果在季中或季末开始引流，即便用同样的方法和投入，也就很难形成规模化的复制裂变。

实际上，考虑到节日消费周期，不仅是季节性产品适用于"节奏"定律，几乎每种产品的针对性引流，都能不同程度体现出把握引流节奏进行复制裂变的重要性。

2. 爆点

所谓爆点，可以是某热门事件，也可以是某热门产品。没有爆点，就很难产生复制裂变的初始力量。

爆点必须要能代表企业的品牌内涵和风格。运营方应该从产品关键词中筛选出最具吸引力、最能体现客户当下需求的词语，将之融入事件或产品中。这样，潜在客户群体的注意力会集中在这些词语上，产生有效的引爆力量。

3. 范围

爆点是复制和裂变的"单点"，而利用主题形成的引流社群、主题页面或产品组合群，则决定了复制裂变的范围。

以"范围"的思维概念指导引流，借助的是产品组合群的一个面。这要比利用单点复制裂变更为复杂，要求也更高。除了团队需要有强大的策划能力之外，对引流执行过程中的文案、美工、执行等能力要求也比较高。

4. 曲线

研究营销曲线和备货曲线，确保两者相吻合，是通过复制裂变让引流倍增的重要基础。从产品的采集到备货，整个供应曲线必须根据营销曲线的规律随时补给，不能"掉链子"。

对于普通电商而言，最重要的是做好零售供应链的改造。不能只着眼于营销曲线的提升，为此拿最畅销的商品去进行复制引流，从而扰乱了供应链的秩序，只能导致复制裂变面临失败的结果。

5. 服务

只有真正愿意复购的客户，才是能够开启复制裂变的推动力量。让客户愿意复购的关键，在于做好客户服务。

目前，真正能够做到对客户精细化管理和服务的品牌并不多，更多都只是片面追求"大而全"的短信、邮件和微信消息轰炸而已。其实，复购率越高的产品行业，需要的客户服务投入就越大，回报也就越多。

想要让流量生生不息，电商就应该尽快打造独立的客户服务软件，或者在已有的进销存管理软件上加入客户服务个性化补丁。此外，还可以根据对客户喜好的理解、产品行业的特性，对客户进行分级管理。只有这样，才能将老客户的力量发挥到极致。

14.2 复制裂变的规划与运营

复制，是将模式从一个平台原封不动地转移到另一个平台的过程。

裂变，是在不断复制的过程中，让流量从 1 变成 2、从 2 变成 4，最终达到成百上千的过程。

复制裂变的规划与运营离不开以下层面的精心布局。

1. 种子客户

找到种子客户，是复制裂变中不可缺失的环节。运营团队可以通过自己的朋友圈去进行筛选，无论是线上线下，对种子客户的筛选都应该确保数量和质量。选择好种子客户，裂变就会更加简单。

在规划选择种子客户群体时，要注意以下几点。

（1）种子客户必须充分信任你，否则就会影响对裂变规划的执行到位。

（2）种子客户应该为自己所信任。

（3）种子客户最少需要 10 人，必须经过精挑细选。

（4）应该按照人际关系"从亲到疏"的层次来筛选种子客户。

2. 裂变海报的内容规划

无论采取何种形式进行裂变，裂变海报都不可或缺。其主要内容规划如图14-2所示。

图 14-2 裂变海报的内容规划

（1）用户身份，即种子客户即将在朋友圈展示的个人形象是怎样的。例如，产品针对职场人，就要设计符合员工身份的文案；针对企业家，就要设计符合老板身份的文案。

（2）主标题。描述用户需求、集中用户痛点，引发他人对种子客户的关注。因此，海报字体要大，内容要精准。

（3）产品信息。包括产品是如何解决问题的，并描述用户向往的场景。

（4）信任背书。包括产品形象、质量保证、平台Logo等。

（5）紧迫感。如"仅限前××名"或列出时间节点。

（6）短期利益。如"进群即送××""一对一服务"等。

3. 复制裂变文案规划

文案是复制裂变的"销售员",人们是否愿意参加活动,与文案内容息息相关。文案必须能与海报结合,激发人们的参与欲望和转发冲动。

规划复制裂变文案时应注意以下事项。

(1)突出主题。简明扼要,直接说明要做什么。

(2)突出诱饵。要让人们感到其价值很高、实用性很强。

(3)激发欲望:如果诱饵是食品,则要展示细节。如果诱饵是课程,则要展示课程大纲。如果诱饵是美容产品,则要展示项目及效果。

(4)信任背书。找到能让别人相信诱饵价值的内容,衬托该活动的质量。常用的如视频案例、粉丝反馈、截图、名人代言等。

(5)完成方法。告诉人们如何去做才能跨越门槛,拿到诱饵。

4. 复制工具和裂变策略

复制和裂变的最关键节点,在于种子客户对外的不断传播。在移动互联网时代到来之前,做到这一点确实很难。而现如今在微信生态下,可以利用微信群来实现。

运营方可以利用第三方工具,提前设置好需要向目标群体发送的消息和所需的群数量。这样就能定时将文案、图片、链接、小程序、语音、视频等内容发送给客户。

14.3 复制裂变流量的步骤

复制裂变流量的通用步骤如图 14-3 所示。

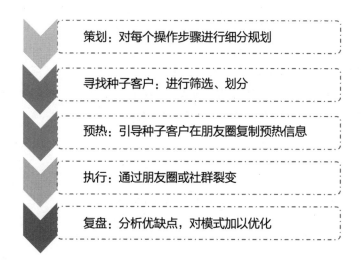

图 14-3 复制裂变流量的步骤

步骤虽然简单，但应用在不同环境中，运营方需要面对不同的细节问题并加以处理。

下面通过具体的复制裂变流量案例，可以看出各个步骤应关注的重点问题。

14.3.1 策划

1. 目标

吸收喜欢阅读的粉丝，扩大品牌影响力，为销售书籍做准备。

2. 裂变"鱼饵"

一本优质的书籍，必须有响亮的名气。

3. 门槛条件

需要通过在朋友圈复制发布专属裂变海报，邀请 50 人关注运营方公众号，方可获得免费领书的资格。

14.3.2 寻找种子客户

1. 线下发展

（1）让身边的亲朋好友推荐喜欢阅读的朋友。

（2）和本地读书会、书店等合作，开发种子客户。

2. 线上老客户

向已经关注运营方公众号的老客户发送邀请，直接赠送书籍，并邀请他们参加活动，即转发朋友圈裂变海报，可获得另一本优质书籍。

14.3.3 预热

向同意参加活动的种子客户发布任务，要求他们将获得的第一本优质书籍发布在朋友圈，并粘贴文案"好走运！获得一本免费赠书，听说这家公众号还要送书！"

14.3.4 执行

所有种子客户在朋友圈发布正式裂变海报。一旦有人通过专属海报关注了公众号，公众号就会弹出新客户自己的专属海报，并附有专属二维码。同时出现提示"只要有 50 个人通过你的专属海报关注公众号，你就会获得这本优质书籍啦！"从而引发新一轮复制传播。

14.3.5 复盘

在裂变活动结束之后，对成本进行核算，对活动过程中出现的问题进行梳理，确保能够在下一次活动中加以优化。

14.4 复制裂变流量的 8 个方法

具体到"术"的层面,复制裂变流量有以下 8 个实用的方法。

1. 福利赠送

让老客户邀请朋友注册产品,成功注册后,双方都能获得一定奖励。在这种方法中,还可以通过奖励机制,增大分享的力度。例如,普通的奖励机制是每邀请一个好友注册,双方就能各得 20 元红包。而升级奖励机制则可以根据邀请的人员数量,设置成不同的阶梯奖励,如图 14-4 所示。

图 14-4 阶梯奖励裂变案例

2. 红包裂变

可以利用微信群或朋友圈,进行裂变红包分享。老客户在体验产品后能够获得大红包分享，自己和朋友都可以领取该红包。

为了增加这一裂变方式的趣味性，也可以设置各种"最佳"。如最快领取红包、最佳手气、第 N 个领取有奖等。

3. 储值裂变

这一玩法可以用于具有储值功能的产品。其裂变思路是，老客户充值一定金额之后，在邀请朋友注册该产品后，朋友就能够使用该账户消费。

例如，2018 春节前夕，淘宝开通了亲情账户。这一设置着眼于一个家庭内老年人和年轻人之间的复制和裂变关系，带来了有效的流量增长。

4. 分享免费

这一裂变方法适合于虚拟产品或服务类产品。通过客户进行分享，能够获得免费体验的内容，这将有效激励客户的分享行为。

例如，在微信读书中，打开书籍的详情页面，就会出现"赠一得一"字样。这一设置就采用了分享免费的裂变方法。

5. 团购引流

拼多多在团购理念的基础上成功上市。其实，拼团已经不是什么新鲜的裂变做法，但其模式依然非常有效。具体做法就是由个人客户"开团"，通过分享"拉人头"，达到成团人数，所有参团者即可用团购价购买产品。

团购引流将裂变和付费转化两步结合在一起，巧妙地跳过了中间步骤。为此，企业需要选择大众化、实用性的产品，便于提高客户分享之后的成团率。

6. 集卡裂变

当客户完成某个"任务"后，即可获得一张卡片。集齐卡片后，就能获得一定的奖励。这一模式类似于支付宝的"集五福"活动，通过老客户在其社交活动中的分享、交换、赠送等行为，实现流量裂变。

在特殊节日或重大活动期间，还可以对这一玩法加以包装，形成热点。如世界杯期间的球星卡等。

7. 分销

让老客户直接将个人体验感较好的产品分享出去，当他人通过其分享链接形成购买之后，老客户即可获得一定返利分成。运用这种方法最典型的成功案例是淘宝客分销机制。

8. 朋友圈打卡

时常能够在朋友圈看到"我是×××，已经坚持×××多少天了"等类似海报。这种朋友圈打卡的裂变引流方式，既能提升老客户的黏性，也能够使其朋友圈不断吸引新的流量。

14.5 千群裂变与连环引流

千群裂变与连环引流是流量裂变的两种重要技巧组合。

14.5.1 千群裂变

千群裂变主要是在微信群中进行操作。在普通微信群引流中，运营者更多想到的是互推、换群。然而，互推和换群很容易遭遇意外，比如换到质量不高的广告群，导致引流成本付诸东流。

如何通过真实的群操作实现"千群裂变"？下面举例如下。

1. 基础群设置

运营者必须拥有足够多的基础微信群。运营者可以在现实中，用自己的私人微信号，向现实中的亲朋好友提出请求，想尽办法进入更多的微信群。

2. 打造真实的女性账号

打造真实的女性账号 A，该微信账号必须有很高的可信度。为此，应设置真实的头像，打造真实的朋友圈。

3. 启动群裂变

无论现在有多少微信群，都将账号 A 全部拉入群。随后，用账号 A 在其中最大的微信群发出引流信息，如"我朋友圈又发布自己的跳舞视频了，请大家为我点赞，赢取奖励！"随后，将之转发到其他微信群中。

4. 建立信任

数分钟后，账号 A 会收到数十个群友的加好友信息，点击"接受"，马上成为好友。

5. 引流

将引流微信账号 B 拉入各群，由账号 B 在群内加好友。全部加为好友后，直接在群内发布引流文案，吸引精准客户。

6. 重复裂变

不少群会将 B 移出，但 B 已经与群内大部分成员成为好友，能够继续使用朋友圈进行引流。即便未能加完好友，也可以在几天后使用账号 A 将账号 B 再次拉进群。

在首轮裂变完成后，继续进行群裂变。使用账号 A 向所有好友转发消息"请问能拉我进一个群吗？"通常情况下，每天至少能进入 10 个微信群。有了新的微信群，又可以按照上述步骤，不断倍增微信群数量和好友数量。

14.5.2 连环引流

连环引流过程如图 14-5 所示。

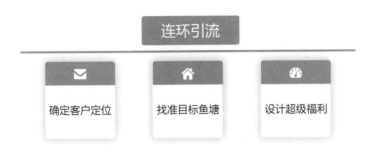

图 14-5 连环引流

1. 确定客户定位

在开始连环引流之前,必须对目标客户进行精准定位。只有事先了解他们的属性,才能更好地设计客户喜闻乐见的福利,从而更快地找到精准的目标鱼群。

2. 找准目标鱼塘

目标粉丝聚集之处,都是电商的目标鱼塘。鱼塘可以是平台、社群,也可以是个体朋友圈。运营方需要针对粉丝群体的属性,掌握不同目标客户在哪些社群活跃,找准对应的社群,投放超级福利,吸引精准粉丝主动添加。

3. 设计超级福利

超级福利是点燃连环引流的最初火种。裂变的主要驱动力有两种,首先是利益因素,其次是风险因素。如果能够向客户提供低风险的利益,等同于承诺好处,那么初始客户就会心甘情愿地帮你进行裂变。

因此,超级福利的设计是连环引流的重中之重,应该根据目标客户属性和鱼塘特点,设计对应的超级福利。

第 15 章　个人品牌如何成为生态闭环

如今是创业者依靠个人品牌打造生态闭环的新时代。20年之前，只要拥有产品和渠道，就能形成批量生产和销售。10年前，拥有质量不错的产品，或者依靠强大的渠道平台，都能获得良好的销售业绩。移动互联网时代的来临注定会终结这一切，这种力量，也体现在个人创业格局的改变上。以前，个人依靠背景和能力创业。而今天，成就生态闭环基础的是个人品牌，即一个人的知名度、知识体系和美誉度。

15.1 从引流到变现，让个人标签成为个人品牌

作为创业者，不能总是躲在团队和产品背后。与其默默无闻，不如为自己代言，与其绞尽脑汁寻找引流渠道和工具，不如拥有个人标签。当个人标签进化为个人品牌，从引流到变现的道路也就愈发平坦。

个人标签为何重要？答案很简单，别人会记住你。

个人标签是一种符号和印记，是他人看到或想到你时在脑海中浮现的印象。这些印象起初或许并不明显，但经过不断调整与强化，会越来越吸引他人的注意，最终成为个人品牌。围绕个人品牌的引流是成功变现的基础。

如何将个人标签转化为个人品牌？

1. 定位

个人在商业价值体系的某个点上占据位置，这需要通过时间的投入和经验的积累。例如，学会某项技能、具备某项资格、获得某项证书等。只有先确定好立足点，才能让标签更加清晰。

2. 价值

价值是个人标签获得他人认可的程度。当别人越是愿意为你的个人标签买单，你获得的认可度就越高，个人品牌形成的速度也就越快。

在定位价值时，必须从个人标签着手，还可以对标签进行垂直细分，以便获得更为精准的流量。

例如，成龙最初的标签是"武打演员"。这个标签显然不够垂直，因为同时期有很多优秀的"武打演员"。于是，成龙通过个人努力，将自己的标签定位为"喜剧武打演员"。这样，他就拥有了可定位的价值，并将之发展成为个人品牌，获得

了巨大的观众流量，并实现流量的变现。

同理，你也可以将不同的擅长"点"结合在一起，形成价值的"线"，再经过流量的构筑，形成品牌的"面"。

3. 交换

人作为社会性生物，每时每刻都在和其他人进行互动，在此过程中，不断交换着彼此的思想和价值。

通过不断传递、分享，你才能将个人标签的内涵作为自己的优势传递给别人，获得他们的认可。同时，也能加深彼此的了解和合作，最终共同创造价值，形成变现。

15.2 连接更多人，布局渠道，整合资源

创业者只有运用个人品牌的力量，连接更多的消费者，才能完成渠道布局并顺利整合资源。

15.2.1 创业者个人品牌

所谓创业者个人品牌，是指除了创业资源和能力之外，你个人对外展示的形象、标签，以及外界对你的印象和认识。

外界对个人品牌有必经的认知流程。从听说（或者看见、知道）个人，到了解个人、认识个人、信任个人，最终依赖个人。

15.2.2 品牌与生态

创业者为什么需要打造个人品牌？毫无疑问，盈利目的是主要动机。但更深层

的逻辑在于品牌、价值和盈利三者之间的密切关系。个人品牌不只是为了让创业者增加名气和曝光量，而是为了让与其相关的渠道和资源分享其溢价和增值。创业者必须拥有优秀的个人品牌，才能创造出更多的溢价，为整个产业链带去价值。反过来，产业链会回报给创业者充分的利润，而这些利润又能进一步反哺品牌的成长。

正如马太效应所说"凡有的，还要加倍给他叫他多余；没有的，连他所有的也要夺过来。"个人品牌越是强大，能整合的资源、运用的渠道就越多，可以吸引并连接的人也就越多。

15.2.3　个人品牌互联网运营

平庸的创业者和成功的创业者，区别绝不只是技术、产品甚至背景，而是在运营品牌的意识、思路和能力上，其中也包括了各种"软"技能。例如，写作、设计、沟通、性格等方面，都会影响别人对你的个人品牌的认知，进而影响创业者整合资源的能力。

创业者必须要学会充分整合个人资源，将之投入个人品牌的互联网运营中。例如，有的创业者忙于研究产品、管理团队，这的确非常重要。但是，创业要想成功，只需要做这些吗？答案显然是否定的。还有的创业者具备一定的互联网运营意识，注册了微信公众号，偶尔也会发布文章，但他们中又有多少人想到应该注册今日头条、抖音甚至快手，并利用其吸引更多渠道的粉丝？答案引人深思。

个人品牌互联网化运营，就如同将个人标签作为产品那样销售出去。创业者应该尽可能发掘更多渠道、利用更多资源，方能获得更多连接他人的机会。

15.3 运营社群，轻松构建商业地盘

当个人品牌逐步成熟之后，运营以个人品牌为核心的社群，便顺理成章提上了创业者的工作日程。

运营个人社群，构建商业地盘，分为图 15-1 中的 5 个步骤。

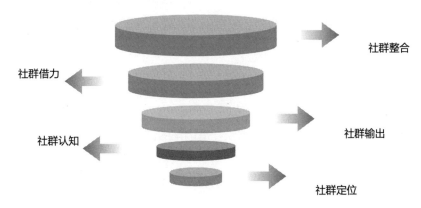

图 15-1 个人品牌社群的运营

1. 社群定位

个人品牌需要定位，相关社群也需要定位。准确的定位，才是社群成功运营的基石，明确定位，才能考虑随后如何创建商业地盘。

社群定位的思考包括 4 个方面。

（1）目的，即组建社群的主要目标。例如，是为了积累个人的种子用户，还是为了挑选未来的创业成员，还是直接为变现做准备？

（2）形式。可以是共同爱好者社群、信息分享群或教学课程群等。

（3）载体。如微信群、QQ 群或者线下聚会群等。

（4）风格。群活动是以日常交流为主，还是以邀请分享为主，或者是以线下活动为主等。

2. 社群认知

对个人品牌社群进行定位之后，应积极选择渠道，打造外界对社群的认知。

所谓社群认知，即社群的标签和品牌，包括社群中有谁、具体做什么、有哪些能力等。从理论上来看，社群标签和品牌的宣传渠道应越多越好，但创业者应该结合目的，设计选择策略。

可以将社群活动和创业者个人特点等内容，发布在重点渠道平台上，添加合适的话题或标签，带动曝光量的增长。也可以为社群单独创造标签，将之用于引流宣传等。

3. 社群输出

社群输出的内容既要精准，也要持续。输出包括对内和对外两方面。

（1）对内，经常性提出话题，组织社群内部的讨论、互动，形成一致的观点，强化社群成员的归属感和集体感。

（2）对外，以社群为名义发布引流内容，如文章、图片、课程、活动邀请等。发布更新的节奏应适当，太快不便于推广，太慢则会导致被忘记。

此外，输出内容应考虑到不同平台的特点。例如，微博上的输出可以频繁，每天发几次都可以，内容不一定都是社群的活动成果，也可以是琐事、花絮，只需要体现出社群标签即可。但微信公众号内容则应确保质量、宁缺毋滥。

4. 社群借力

当个人品牌社群有了一定粉丝成员，就应积极考虑如何"借力"。一个人、一小群人的力量都是有限的，借力能够让社群更快发展壮大。

（1）借助热点。跟随流行话题来宣传社群，能起到很好的"涨粉"作用。

（2）借助活动。以社群名义集体参加活动，无论是否能成为活动核心角色，都能吸引到他人的关注。

（3）借助合作。设法多和外部机构或个人谈合作，形成等价交换。

（4）借助平台。平台的发展离不开活跃的成员，以社群名义集体入驻自媒体平台，提供优质、充沛的内容，可换取平台提供的集体曝光度。为此，创业者需要关注各个平台发展初期的活动、栏目，尽量集体入驻，多加参与和支持，从而得到平台的重视。

（5）借助成员。通过活动和福利，增强成员对社群的黏性。当他们进一步了解和信任你之后，就能借助其个人的资源发展社群。

5. 社群整合

经过前期的打造，以创业者为核心的个人社群已经初步成型。如果想要进一步拓展社群，形成创业的开端，就需要加强社群内外的整合。

资源整合需要秉承互惠互利、合作共赢的原则。例如，可以寻找目标客户群体标签相近的社群，进行互动推广，共同打造微信公众号、共同发布福利等。也可以从社群中挑选志同道合的成员，形成创业团队。此时，个人品牌主导下的生态闭环已经形成，商业引流即将开始。